IOVRNAL
DE
NAVIGATION,

DANS LEQVEL EST PLEINE-
ment enseigné, & clairement démontré l'Art
& la Science des Navigateurs.

Montrant en premier lieu de quelle maniere
les Pilotes doivent composer leurs Journaux, par la Latitude & Longitude, faisant
l'aplication des Régles du Cercle & Quartier de Proportion.

Et en second lieu une Métode nouvelle & facile pour
resoudre toutes les Régles du Cercle ou Quartier
de Proportion, avec l'aplication de chacune en
particulier, & les remarques qu'on doit faire sur ces
Régles ; le tout solidement démontré & traité en peu
de paroles.

Comme aussi quelques Régles curieuses du même Cercle
ou Quartier de Proportion qui n'ont point encore paru.

Par S. Le Cordier *, Hydrographe Entretenu, enseignant*
la Navigation pour le service du Roy, dans la
Ville de Dieppe.

✶ ✶
✶ ✶ ✶

AU HAVRE DE GRACE,

Chés Guillaume Gruchet, Imprimeur &
Marchand Libraire. 1709.

AVEC PRIVILEGE DV ROI.

AVERTISSEMENT

POUR LE

IOURNAL

DE

NAVIGATION.

OMME l'on n'aprend l'usage du Cercle ou Quartier de Proportion & toutes autres sortes de Navigations, que pour en faire l'aplication à la composition d'un Iournal de Navigation, afin de trouver la Longitude & Latitude où l'on est arrivé. Il est bien juste ce me semble, que nous enseignions aux Pilotes, non seulement l'usage du Cercle & Quartier de Proportion, mais aussi que nous leur fassions connoître en quoy toutes les Regles que l'on fait ordinairement, servent à la Navigation : Or comme il y a beaucoup de Navigateurs qui se piquent de sçavoir à fond l'usage du *Quartier de Proportion*, & qui cependant font connoître par leurs Journaux qu'ils n'en ont aucune connoissance, puisqu'ils n'en font aucune aplication, & comme cecy ne leur a été encore enseigné d'aucun qui ait écrit de la Navigation, j'ay résolu de leur enseigner par démonstration l'usage de nôtre *Cercle* & *Quartier de Proportion*, & ensuite de leur faire connoître comme on doit apliquer chaque Proposition ; c'est pourquoy, pour ne pas aporter de confusion dans cette seconde Partie, vous remarquerés que tout ce qui sera Imprimé de *Lettre italique semblable à ce discours*, sera de l'essence du Iournal, & le reste sera pour aprendre à fond & par démonstration les Régles du Cercle & Quartier de Proportion, avec les remarques sur chaque Proposition en particulier, & tout ce qui doit être posé dans un Iournal.

PRIVILEGE GENERAL
DV ROY.

LOUIS PAR LA GRACE DE DIEU, Roy de France et de Navarre. A Nos Amés & Feaux Conseillers, les Gens tenans nos Cours de Parlemens, Maîtres des Requêtes Ordinaires de nôtre Hôtel, Grand Conseil, Prevôt de Paris, Baillifs, Senéchaux, leurs Lieutenans Civils & autres nos Justiciers qu'il appartiendra, SALUT. Nôtre Amé GUILLAUME GRUCHET, Imprimeur & Libraire au Havre de Grace, Nous a fait remontrer qu'il est le seul qui ait obtenu les Priviléges pour l'Impression de la plûpart des Livres de Navigation qui ont cours dans Nôtre Royaume, tels que sont les Oeuvres des Sieurs *Blondel de Saint Aubin*, *Le Cordier*, *Herubel & autres*; Et comme le tems de ces Priviléges est expiré, & qu'il est de la derniere importance, non seulement que le Public trouve toûjours les Traités & les Cartes qui servent à la Navigation, mais encore que l'Impression en soit faite avec le soin, l'aplication & l'éxactitude que l'Exposant a coûtume d'y aporter, il nous a fait suplier de lui permettre d'imprimer *lesdites Cartes, Livres &* *Traités pendant le tems de vingt années*, à l'exclusion de tous autres, & de lui accorder à cét effet nos Lettres nécessaires. A CES CAUSES, voulant favorablement traiter ledit Exposant, Nous lui avons permis & permettons par ces Presentes, d'imprimer & faire imprimer en telle forme, marge & caractere, en un ou plusieurs volumes, & autant de fois que bon lui semblera, *Les Oeuvres du Sieur le Cordier, Hydrographe, contenans Traités, Instructions, Pratiques des Pilotes & Journal de Navigation, avec toutes les Cartes dudit Sieur le Cordier; l'Explication & l'Usage du Cercle Universel avec toutes les Cartes, par Boissaye du Bocage; Le Flambeau de la Mer & les Cartes, par le Sr. Bougard; Les Nouveaux Principes de Navigation par Herubel, Le Tresor, l'Art de Navigation, Trigonometrie Géometrique & la Table des Sinus, composée par Blondel Saint Aubin*, pendant le tems & espace de *douze années consécutives*, à compter du jour & datte des Presentes, & de les faire vendre & débiter par tout nôtre Royaume. FAISONS deffenses à toutes sortes de Personnes de quelque qualité & condition qu'elles soient, d'en introduire d'Impression Etrangere en aucun lieu de Nôtre obéïssance, & à tous Imprimeurs Libraires & autres, d'imprimer, faire imprimer, vendre débiter & contrefaire lesdites Cartes, Livres & Traités en tout ou partie, & d'en faire aucuns extraits sous quelque prétexte que ce soit, sans la permission expresse & par écrit dudit Exposant, ou de ceux qui pourroient avoir droit de lui, à peine de confiscation des Exemplaires contrefaits, de trois mille livres d'Amende contre chacun des Contrevenants aplicables : un tiers à l'Hôtel-Dieu de Paris, un tiers au Dénonciateur, l'autre tiers audit Expofant, & de tous dépens, dommages & intérêts ; à la charge que ces Préfentes feront Enregiftrées tout au long fur le Regiftre de la Communauté des Imprimeurs & Libraires de Paris dans trois mois de ce jour ,. & que l'Impreffion defdites Cartes, Livres & Traités, fera faite en Nôtre Royaume & non ailleurs, en beaux Caractères & papier, conformément aux Réglemens de la Librairie ; Et qu'avant de les expofer en vente, il en fera mis deux Exemplaires dans nôtre Bibliotheque publique, un dans celle de nôtre Château du Louvre, & un dans celle de nôtre trés cher & Feal Chevalier Garde des Sceaux de France , le Sieur DE VOYER DE PAULMY, MARQUIS D'ARGENSON : Le tout à peine de nullité des Préfentes , du contenu defquelles, VOUS MANDONS ET ENJOIGNONS de faire joüir ledit Expofant & fes ayans caufe pleinement & paifiblement, fans permettre qu'il leur foit caufé aucun trouble ou empêchement. Voulons que la Copie ou l'extrait des prefentes qui feront mis au commencement ou à la fin defdits Livres, Cartes & Traités , foient tenus pour bien & duëment fignifiés , & qu'aux Copies Collationnées par l'un de nos Amés & Feaux Confeillers Secretaires , foy foit ajoûtée comme à l'Original. Commandons au premier nôtre Huiffier ou Sergent de faire pour l'exécution defdites Préfentes , tous Actes requis & néceffaires fans autre permiffion : Et nonobftant Clameur de Haro Chartres Normandes, & Lettres à ce contraire ; CAR t.l eft nôre bon plaifir. DONNE' à Paris , le vingt-deuxiéme jour de Février l'an de grace, mil sept cens dix-neuf Et de nôtre Regne le quatriéme. Signé par le Roi en son Conseil, SAINSON. Et scellé.

Registré sur le Registre IV. de la Communauté des Libraires & Imprimeurs de Paris, page 445 N.º 489. Conformement aux Réglemens & notamment à l'Arrest du Conseil du 13 Août 1703. A Paris le 3 Mars 1719. Signé, DE LAULNE, Syndic.

JOURNAL

DE

NAVIGATION,

Dans lequel il est pleinement enseigné, &
clairement démontré l'Art & la
Sçience des Navigateurs.

SECONDE PARTIE.

OUT ainsi que l'on voit par
le Journal des Sçavans tout
ce qui s'est passé de plus rare
pendant chaque mois ou chaque année, comme on aprend
par celuy d'un homme qui vient
des Païs Etrangers, ce qu'il y a
de plus curieux aux lieux où il a eté, & les avan-
tures de son voyage, par celuy d'un homme de

guerre, ce qui eft arrivé de plus memorable dans une Campagne, ou dans l'attaque d'une Place ; comme un Marchand par fes Livres de Comptes, voit les ventes, mifes, & recep- tes qu'il a faites au bout d'un an, d'un mois ou d'une femaine ; & par là conclut, s'il a gaigné ou perdu fur les denrées & Marchan- difes dont il a fait négoce : De même les Pilotes & Navigateurs Experts, doivent faire mention par leurs Journaux de Navigation, de la Latitude, & Longitude où ils étoient chaque jour de leur voyage, la route & le chemin que le Navire a fait, le vent qui ventoit, fa force ou foibleffe, quel côté étoit la Variation, quelle eft la fituation des lieux où ils ont été, fi l'abord en eft facile ou dangereux, s'il eft arrivé des tempêtes, le danger qu'ils ont encouru, le reméde qu'ils y ont aporté ; fi un Mâts a été rompu, une Voile emportée, fi quelqu'un de l'Equipage a été enlevé d'une mort violente ou natu- relle, & tout ce qui s'eft paffé enfin digne de remarque, fe doit trouver dans les Jour- naux des plus excélens Pilotes, & notam- ment, fi on a eu découverture de quelque chofe qui regarde le bien commun de la Na- vigation, comme de quelque Roche, Banc ou Ecüeil, qui ne feroit pas marqué dans les Cartes Hydrographiques ou Marines, où les plus expérimentés Pilotes comme les moins

habiles pouroient faire un funeste naufrage.
Il est donc du devoir d'un Pilote, & même
il lui est enjoint par l'Ordonnance de la Marine, d'en faire une observation particuliere
& exacte, afin qu'on y ait tel égard que
de raison.

Je sçai que ce Traité n'est pas tant en faveur des Experts, que des Aprentifs & des
Novices qui desirent aprendre à Naviguer de
la bonne métode, & qui ne sçavent pas de
quelle maniere il faut procéder à la construc-
tion d'un Journal qui soit dans l'ordre ni tel
que nous venons de dire, où l'on puisse
voir sur le champ & promptement le lieu
où l'on étoit chaque jour, avec ce qui s'est
passé le même jour ; Or pour leur en fa-
ciliter l'usage, nous avons résolu de leur montrer autant qu'il est en Nous, de quelle maniere ils s'y doivent comporter, qui est qu'ils
doivent toûjours Naviguer par la Latitude &
Longitude, & faire mémoire de ce qui est arrivé de plus remarquable pendant le cours d'un
Voyage.

Il est vray que la plus grande partie des
Pilotes ne naviguent que par routes & distances, ou par Latitude & chemin, comme
ceux qui font le Voyage de Terre - Neuve ;
mais aussi faut-il convenir, que ce n'est pas
la veritable maniére de Naviguer, si ce n'est
pour les Pilotes Côtiers, ou ceux qui voya-

gent le long de Terre, fans en perdre que trés-peu la connoiffance; car pour ceux qui finglent en pleine mer, c'eft-à-dire, qui traverfent d'un lieu à un autre, comme de Oüeffant à Madere ou ailleurs; ceux-là, disje, doivent Naviguer par Latitude & Longitude de la maniere que vous verrés dans la fuite, faifant l'aplication des Régles qu'on aprend ordinairement fur le Cercle ou Quartier de Proportion, comme il eft montré cyaprés.

Les Pilotes qui ne naviguent que par routes & diftances, font comme les Côtiers, lefquels pointent fimplement leurs routes & le chemin qu'ils eftiment avoir fait fur une Carte plate, & trouvent par ce moyen, le lieu où à peu prés ils font arrivés.

Ceux qui ne naviguent que par Latitude & chemin, fe fondent fur la diftance qu'il y a du lieu d'où ils partent, à celuy où ils veulent aller, & fur la Latitude où eft fitué le même lieu; comme par exemple, on fçait que le milieu du Grand Banc de Terre-Neuve, eft par quarante-cinq degrez de Latitude Nord, & qu'il y a depuis l'Ifle de Saint Martin de Ré, jufques au Grand Banc de Terre-Neuve environ 530 lieuës de diftance Eft & Oüeft, ils fe contentent de fçavoir combien un nombre des lieuës qu'ils ont faites fur quelqu'autre rumb de vent, en valent à l'Oüeft, & lorfqu'ils

qu'ils ont fait environ 450 ou 500 lieuës, ils
difent qu'ils font fort proche du Banc, pourvû
qu'ils foient par 45 degrez de Latitude Nord :
Voilà la maniere de Naviger de la plûpart des
Pilotes, & même de ceux qui s'eftiment trés-
Sçavans dans la Navigation, & qui n'eft pourtant pas la veritable.

Car fi on demande à ces Pilotes à quoi leur
fert la Navigation qu'ils ont aprife, foit par
le Cercle ou Quartier de Proportion, ou bien
par quelqu'autre Inftrument ; s'ils ne la mettent jamais en pratique, je ne penfe pas qu'ils
puiffent répondre, fi non que cette Navigation
eft bien plus aifée, & qu'on n'a que faire ny
de moyen Paralelle ny de la reduction des
lieuës d'Eft ou Oüeft en degrez de Longitude,
non plus que l'adition ou fouftraction de ces
mêmes degrez avec la Longitude partie pour
avoir celle de l'arrivée.

Mais auffi demandez à ces Navigateurs où
ils étoient un tel jour de leur voyage, le vent
qu'il a venté, fa force ou foibleffe &c. ils vous
répondront qu'il faut vous donner un peu de
patience & attendre qu'ils ayent pointé toutes
les routes, depuis le commencement de leur
Journal jufques au jour que vous leur demandez, ce qui leur eft quelquefois fi difficile à de-
mêler qu'ils ont affez de peine à en venir à boût.

C'eft pourquoi afin que chaqu'un puiffe faire
un journal de Navigation de la maniere qu'on

B

prétend qu'il foit mis au retour d'un voyage és
mains de Meſſieurs les Officiers de l'Amirauté
pour être enſuite examiné par celui qui fait
profeſſion d'Hydrographie dans le lieu ; nous
allons leur montrer la maniere de le faire ſi
correctement qu'on n'y trouvera rien à redire.

Pour commencer un Journal de Navigation, il
eſt premierement neceſſaire de ſçavoir la route &
le chemin qu'il faut faire pour aller d'un lieu
à un autre c'eſt-à-dire, du lieu d'où l'on part à celui où l'on veut aller, afin que ſçachant la route
qu'on doit faire, on la puiſſe tenir la plus juſte qu'il
eſt poſſible, ou du moins ſi le vent eſt contraire &
empêche de faire la vraye route, qu'on puiſſe aller
aux rumbs de vent les plus aprochans de celui
qui eſt propre, & pour cét effet nous ſupoſerons
dans ce Journal partir d'Oüeſſant qui eſt par
48 degrez 30 minutes de Latitude Nord &
par 12 degrez 30 minutes de Longitude, &
vouloir aller à la Martinique qui eſt par 14
degrez 30 minutes de Latitude auſſi Nord, &
par 317 degrez 10 minutes de Longitude : On
demande par quelle route il faudroit aller, &
la diſtance qu'il y a entre ces deux lieux.

PROPOSITION I.

Notez que nous ne travaillons point icy par
les Sinus, quoi que la Navigation en ſoit bien
plus juſte & plus exacte, & cela à cauſe que

peu de Pilotes (pour ne pas dire aucuns) ne s'en servent, nous nous contenterons de l'uſage du Cercle ou Quartier de Proportion, dont le operations ſont tout autrement promptes & faciles & plus ordinaires aux Pilotes, ce que je prétens faire connoître dans la ſuite, ſi bien que conſultant un de ces Inſtrumens, nous trouverons que le rumb de vent pour aller de Oüeſſant à la Martinique ſera Sud-Oüeſt quart d'Oüeſt 2 deg. 45 min. plus Sud, & la diſtance ou le chemin d'entre ces deux lieux, ſera de 1144 lieuës, ce qu'on peut voir plus promptement par une Carte reduite.

Avant que d'entreprendre un voyage, il eſt bon de prendre langue de ceux qui ont été au lieu où l'on entreprend d'aller, emprunter les Journaux & en tirer copie pour porter avec ſoy, cela eſt très-avantageux, tant pour ſçavoir les Saiſons propres à faire ladite Navigation, les vents qui regnent ordinairement à ces mêmes lieux, où portent les courans, que pour ſçavoir auſſi les denrées qui ſont propres auſdits lieux, & généralement toutes les choſes qui contribuënt à la fin d'une bonne & parfaite Navigation, comme par exemple étant informez que les vents ſont toûjours du côté du Nord-Eſt, Eſt & Sud-Eſt vers les Iſles des Canaries ou aprochant de Madere, qui eſt une de ſes Iſles, il eſt donc neceſſaire de faire route pour les aller querir au plûtôt, afin d'avoir ſes vents favo-

rables, aussi bien ne peut-on pas faire la route
du Sud-Oüest quart d'Oüest partant d'Oüessant
pour aller à la Martinique sans aborder les Isles
des Açores.   De plus, on sçait par les personnes experimentées, que les houragans qui sont
des tempêtes horibles viennent dans les Isles de
Lamerique entre le quinziéme Juillet & la fin
d'Octobre, c'est pourquoi on doit faire en sorte
de ne s'y pas rencontrer dans ce temps, à moins
que d'entrer dans le cul de sac de la Martinique.

   Et afin de ne point tomber dans ces incon-
veniens, je conseille aux jeunes Navigateurs de
frequenter les anciens, pour aprendre d'eux ce
qui se passe aux endroits où ils ont beaucoup
été, cecy soit dit par forme d'instruction &
d'avertissement.

PROPOSITION II.

   Pour reprendre nôtre suite il faut voir la
route & le chemin qu'il faut faire pour aller de
Oüessant à Madere, nous trouverons qu'elle sera
le Sud-Oüest quart de Sud, prenant 5 degrez
vers le Sud, sur laquelle il faudra faire 364 lieuës,
& ce faisant on évitera tout danger.

Voicy la propofition par le Cercle &
Quartier de Proportion, & comme elle
fe donne dans les Ecoles Roïales de
Navigation.

On fupofe partir de Oüeffant qui eft par
48 degrez 30 minutes de Latitude Nord, &
par 12 degrez 30 minutes de Longitude.
On veut aller à Madere qui eft par 32 deg 30 m.
de Latitude auffi Nord, & par un degré de
Longitude ; On demande la route & le chemin
qu'il faut faire pour y arriver, puifqu'on éleve
en Latitude on va vers le Nord, & puifqu'on
abaiffe en Latitude on va vers l'Oüeft, la route
eft donc entre le Sud & l'Oüeft.

Il faut dabord trouver le moyen Paralelle fur
l'Echelle qui eft à côté du Cercle ou Quartier
de Proportion, en ouvrant le Compas de l'ouverture de ces deux Latitudes, une pointe fur
32 degrez 30 minutes, & l'autre fur 48 degrez
30 minutes, & raportant cette ouverture à
côté de l'Echelle on en prendra la moitié,
laquelle étant raportée une pointe du Compas
fur 32 deg. 30 min. l'autre pointe montant
vers 48 deg. 30 min. marquera 41 deg. pour
le moyen Paralelle d'entre ces deux Latitudes.

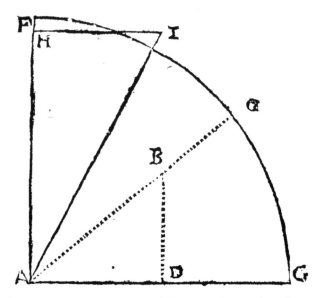

Cela étant fait, il faut reduire les degrez de
la difference en Longitude en lieuës par ce
moyen Parallele en cette sorte.

Bandez le fil de Cercle ou Quattier de Proportion de la Latitude de 41 degré, commençant à compter le premier degré de Latitude,
au point G, allant vers F, sur le quart du Cercle F G, puis comptez les 11 deg. 30 min.
de difference en Longitude sur le fil bandé repre-
senté en cette figure par A C jusques en B, ou
si vous ne pouvez pas prendre le tout, prenez-en
la moitié qui sont 5 deg. 45 min. puis dou-
blez les lieuës qui vous viendront, vous trouverez 87 lieuës pour la moitié dont le double
est 174 lieuës pour la valeur des 11 degrez

30 min. de Longitude repreſenté par A D.

Enſuite comptez la moitié des degrez de difference en Latitude 8 deg. ſur le côté du Nord & Sud du Cercle ou Quartier de Proportion A F, & la moitié des 174 lieuës de Longitude qui ſont 87 ſur l'Eſt & Oüeſt ſur le Paralelle qui ſe rencontre au bout de vôtre difference en Latitude A H, là où le compte s'achevera comme en I, vous y poſerez une Aiguille ou Epingle & vous banderez le fil par cét endroit, vous trouverez que le rumb de vent ſera le Sud-Oüeſt quart Sud, prenant 5 degrez vers le Sud Sud-Oüeſt, & comptant du Centre du Cercle ou Quartier de Proportion A ſur les Arcs le long du fil, vous trouverez 182 lieuës pour la moitié du chemin A I, leſquelles étans doublées donnent 364 lieuës de diſtance de Oüeſſant à Madere, ou de Madere à Oüeſſant.

Il faut remarquer icy qu'on ne peut pas faire gouverner ſur la route que nous trouvons avec un Compas, puiſque les deg. n'y ſont pas marquez, mais bien les rumbs de vent, leſquels valent de l'un à l'autre 11 deg. 15 min. & quoy que 5 deg. ſoient à peu prés la moitié d'un quart de rumb de vent, cependant on auroit toutes les peines du monde à y faire gouverner les Timonniers, c'eſt pourquoi il vaut mieux faire deux routes, uſant de la proportion qui enſuit, en diſant par une regle d'or.

Si 11 deg. 15 min. donnent 364 lieuës de

distance, que donneront 5 deg. la regle faite
il viendra 162 lieuës qu'il faudra faire au Sud
Sud Oüeſt & les 202 lieuës de reſte au Sud-
Oüeſt quart Sud, mais à raiſon qu'on abor-
deroit la terre faiſant route du Sud Sud-Oüeſt; en
premier lieu, il eſt à propos pour éviter ce danger, de ſingler premierement au Sud-Oüeſt
quart Sud les 202 lieuës, & aprés aller au Sud-
Sud-Oüeſt juſques à ce qu'on aye fait 162 lieuës,
& alors on arrivera à Madere.

On peut encore faire courir ſur la route du
Sud-Oüeſt quart Sud juſques à la Latitude de
39 deg. 34 min. & aprés gouverner au Sud
Sud-Oüeſt, ce ſera la même choſe.

Il peut arriver que deux lieux ſeront ſituez
en une même Longitude, mais ſeulement differents en Latitude, & alors la route ſera Nord
ou Sud, & la diſtance ſera d'autant de 20
lieuës comme on aura de degrez de difference
en Latitude, c'eſt à dire qu'il faudra multiplier les degrez de difference en Latitude par
20, & diviſer les minutes de reſte, s'il y en a,
par 3, ajoûtant le tout emſemble, on aura la
la diſtance d'entre deux lieux.

Il peut arriver encore que les deux lieux donnez ſeront en une même Latitude, mais ſeulement differents en Longitude & alors la
route ſera à l'Eſt ou au Oüeſt, en ce cas il
faudra reduire les deg. de difference en Longitude en lieuës par la Latitude donnez ſelon

la

le trente-neuviéme propofition de cette feconde Partie, & leur valeur fera la diftance itine-
raire où le chemin d'entre les deux lieux.

Notez que je fupofe ces routes fans aucun
détour, c'eft-à-dire fans que le Compas varie,
que les marées, le dechet, la derive du Navire,
le mauvais gouvernement ne fauffe nullement
les routes, ce qu'étant pofé pour fondement,
voicy à peu prés l'ordre qu'il faut tenir dans
la conftruction d'un Journal de Navigation, fans
toutefois empêcher perfonne de le faire en fa
maniere.

COMMENCEMENT
D'VN IOVRNAL
DE NAVIGATION.

 *V Nom de Dieu soit fait le voyage de la Martinique une des Isles Françoises de l'Amerique la plus à l'Est dans le Navire nommé N. du Port de 400 Tonneaux, armé de 50 piéces de Canon, 400 hommes d'équipage, Commandé par N. en l'an 1707 le dixiéme Octobre.*

Nous sommes partis du Havre de Grace le dixiéme Octob. de l'an 1707 à 8 he. 12 m. au matin, & avons fait route sans moüiller en rade si bien que nous avons couru au

Nord-Oüeſt quart d'Oüeſt d'un bon vent de N. E. quart E. juſques à 3 heures au matin de l'onziéme dud. mois que nous avons vû la terre qui étoit infailliblement le Cap de Porlan, lequel nous demeuroit devant, c'eſt-à-dire au N. O. quart O. environ 2 lieuës.

Dixiéme Octobre 1707.

Remarquez icy qu'il ſe faut ſervir d'une Carte à grand point, telle que ſont celles qui ſont dans le Flambeau reluiſant de la Navigation ; la raiſon eſt que dans ces Cartes on y voit juſques au moindre danger, on s'en ſervira donc juſques à ce qu'on ſoit hors la Manche, & qu'on ſoit à Oüeſſant où nous avons ſupoſé le commencement de nôtre Navigation en pleine mer.

Si au lieu de voir Oüeſſant pour la derniere terre on voyoit le Cap Lezard, ou les Isles des Sorlingues ou une autre terre, il faudroit y poſer ſon point de département, & au reſte agir comme il eſt dit partant d'Oüeſſant.

S'il arrivoit qu'on fût pris de brume dans la Manche, ce qui eſt trés-ordinaire en Hyver, il faudroit Naviger par route, diſtance & ſonde; c'eſt pourquoy tout Pilote doit être muni d'un bon Cartaux de ſonde & fonds de nôtre Ca-

nal, c'eſt-à-dire d'une Carte où la quantité des
braſſes d'eau ſoient bien marquées, & la qualité
des fonds fidélement obſervées : c'eſt ce qui m'a
obligé d'en donner une au Public, dans laquelle
j'ay pris grand ſoin à placer les profondeurs, ſuivant l'avis des plus fameux & expérimentés Pilotes du tems, auſſi bien que ceux que j'ay pû
remarquer par une expérience de pluſieurs voyages, de ſorte qu'on n'aura qu'à Naviger ſur
cette Carte ou quelqu'autre, juſques à ſe qu'on
ſoit par eſtime hors l'Iſle d'Oüeſſant, ce que la
ſonde fera connoître, & ſur tout qu'on ſe donne bien garde des marées & de la chute des
courans de la Manche, car on n'y connoît que
trés-peu de choſe.

*Depuis les 3 heures au matin juſques à ſix
heures au ſoir du même jour, nous avons couru
au Sud-Oüeſt d'un bon vent de N. O. & fait
par eſtime.* 15

*Le vent étant venu au Oüeſt, nous avons cou-
ru au Sud Sud-Oüeſt, ce qui ne vaut que le Sud
quart Sud-Oüeſt & moins, à cauſe de deux heures & demie de Flot qu'il y a encore à paſſer,
& cela juſques au lendemain douziéme dudit mois
4 heures du ſoir, que les ſept Iſles nous demeu-
roient au Sud-Eſt quart Sud environ 2 lieues.*

Notés icy qu'il faut toûjours chaſſer à terre

Dixiéme Octobre 1707.

quand il est jour, & que c'est le bord qui est le
meilleur, afin de prendre l'aspect de la terre le
soir pour Naviger sûrement la nuit; c'est pourquoy l'estime se doit faire quand on est dans les
terres d'un soir à l'autre, au contraire de l'estime
qui se fait en pleine mer, qui doit être faite
d'un midy au midy suivant.

Douziéme Octobre 1707.

Nous avons reviré le bord, & avons couru
au Nord Nord-Oüest, ce qui ne vaut que le
Nord quart Nord-Oüest du même vent d'Oüest
en beauture, & cela jusques au lendemain ma-
tin treiziéme dudit mois à 8 heures du matin que
nous avons fait par estime. . . . . 12 l.

Considérés ici que comme par les routes vous
pouvés être à six ou sept lieuës de la terre de Bre-
tagne, laquelle est fort salle, c'est-à-dire pleine
de Roches & Ecüeils, vous devés revirer le bord
la nuit pour éviter tout danger, faisant porter
au Nord quart Nord-Est moitié de la nuit, & le
reste au Sud-Oüest quart Sud, si le vent ne
change pas; car si vous voyés aparence que le
vent voulût venir du côté du Nord, il seroit bon
de chasser plus de la moitié de la nuit au Nord
quart Nord-Est, afin que tournant ou revirant
le bord, vous fussiés plus au vent : Mais aussi
vous pouvés bien entendre que si le vent se dis-

pofoit à tourner vers le Sud qu'il ne faudroit pas
tant chaſſer au Nord , car vous vous metriés
avant le vent , c'eſt la prudence d'un bon Pilote de prévoir toutes ces choſes & autres.

Si un malheur prévû n'arrive que trés-rare-
ment, je dis qu'il eſt du devoir d'un bon Pilote de confiderer ce qui lui peut arriver dans ſa
Navigation , car s'il croit ou s'il a quelque dé-
fiance de quelque malheur , il faut qu'il ſoit diſ-
poſé à y remedier , en n'atendant pas qu'il ſoit
tout prés pour penſer à ce qu'il faut faire pour s'en
garantir ; par exemple , un Pilote étant à 15 ou
20 lieuës de Oüeſſant ſous ſa Latitude , & faiſant
route pour aller le reconnoître ; s'il arrive qu'on
crie terre ſoit de nuit ou de tems de brume , je
ſoûtiens que le Pilote a dû penſer que le vent
étant du côté du S. O. qu'il faut mettre ba-
bord au vent , & à la maniere qu'il faut orien-
ter les voiles , & où il faut mettre le gouvernail
pour y faire venir le Navire , au contraire ſi le
vent étoit vers le N. O. il faudroit faire venir
le Navire à ſtribord ou tiebord , afin de mettre
le Cap au O. S. O. pour s'élever en mer au
plûtôt & éviter le peril prévû ; c'eſt aſſés que
d'avoir dit cecy , ſongés dans la pratique aux
autres accidens qui vous peuvent arriver , & ré-
fléchiſſés en même tems aux remedes que vous
y devés aporter.

Treiziéme Octobre 1707.

Depuis les 8 heures du soir du treiziéme dudit mois jusques à deux heures aprés minnit, nous avons couru au Nord, ce qui ne vaut que le Nord quart Nord-Est du même vent de O. N. O. mediocrement fort, & fait par estime. . . . . .7 li.

Depuis ce tems jusques à six heures au soir du quatorziéme du même mois de vent pareil O. N. O. petit vent, nous avons couru au Sud-Oüest quart Sud, & fait par estime . . . . .10 l.

On pourroit se dispenser de mettre tout cecy dans un Journal, & se contenter de pointer toutes les routes qu'on fait sur une Carte, mais comme il est ordonné à tous Pilotes de faire un Journal de Navigation, & de metre à leur retour une copie és mains de Messieurs les Officiers de l'Amirauté, sans doute qu'il n'y auroit nul ordre, car n'ayant pas la Carte avec laquelle un Pilote auroit Navigé, il seroit impossible de voir comme il auroit agi, & lui-même ne s'en souviendroit pas.

Quatorziéme Octobre. 1707.

Depuis les 6 heures au soir du quatorziéme, nous avons couru au Nord quart Nord-Est

JOURNAL

Quatorziéme Octobre. 1707.

(voyant apparence de vent de Nord) d'un petit vent de O. N. O. jusques à quatre heures au matin du quinziéme dudit mois que nous avons fait par eſtime 3

Quinziéme Octobre. 1707.

Nous avons reviré le bord, & avons porté le Sud-Oüeſt quart d'Oüeſt, d'un vent de N. O. paſſablement fort, & cela jusques à ſix heures du ſoir du même jour, & fait par eſtime. . - - -

De crainte de n'avoir pas aſſés pour doubler Oüeſſant, (d'autant comme diſent les Navigateurs, qui faut donner tour a qui n'en donne pas) il eſt bon d'uſer de prudence, & chaſſer Nord une partie de la nuit, & le reſte Sud, afin d'avoir le lendemain connoiſſance de la terre.

Depuis les ſix heures du ſoir jusques à une heure aprés minuit, nous avons couru au Nord-Eſt quart Eſt du même vent de N. O. & fait par eſtime 3

Seiziéme Octobre. 1707.

Depuis une heure de matin du ſeiziéme jusques à cinq heures au ſoir du même jour, nous avons

Seiziéme Octobre. 1707.

avons couru au Oüeſt Sud-Oüeſt, ce qui ne vaut
que le Sud-Oüeſt quart d'Oüeſt, enſorte qu'à ce
moment Oüeſſant nous demeuroit à l'Eſt Sud-
Eſt environ 3 lieüës, c'eſt de ce point où il
faut commencer ſa Navigation en pleine Mer
qui eſt par 48 deg. 33 minutes de Latitude Nord
& par 12 degrez 18 minutes de Longitude, ainſi
qu'on peut remarquer par la Carte de Monſieur
du Bocage, de laquelle nous nous ſervons dans
tout ce Journal.

PROPOSITION III.

Seiziéme Octobre. 1707.

Oüeſ-
ſant.
Com-
mence-
mẽt de
Navi-
gation.

Diſer.
en Lat.
2 deg.

Depuis les cinq heures au ſoir du ſeiziéme
juſques au lendemain midy dix-ſeptiéme du courant, nous avons couru au Sud-Oüeſt quart de
Sud d'un bon vent de N. O. & fait au vray . . . . 48 lie.

Long.
10-18.

Il faut icy faire l'aplication d'une Propoſition ſemblable à celle qu'on aprend d'ordinaire
aux Ecoles de Navigation; ſçavoir,

Lat. O.
46-33.

Je pars de 48 deg. 33 minutes de Latitude
Nord, & de 12 degrez 18 min. de Longitude,
j'ay ſinglé ſur la route du Sud-Oüeſt quart de
Sud juſques à la Latitude de 46 deg. 33 min.
auſſi Nord : Je demande le chemin que j'ay
fait, & la Longitude où je ſuis arrivé.

Voicy la Propofition par le Cercle &
Quartier de Proportion.

Pour refoudre cette Propofition & autres femblables, il faut fouftraire les deux Latitudes l'une
de l'autre felon la Maxime de la XLI. Propofition de ce Livre, fçavoir 46 deg. 33 min.
de 48 degrez 33 minutes, le refte fera la difference en Latitude 2 degrez vers le Sud, lefquels il faut compter fur le côté du Cercle
ou Quartier de Proportion qu'on prend pour
Nord & Sud & conduire par les travers jufques au Sud-Oüeft quart Sud, & là y pofer
une Aiguille ou Epingle, puis compter fur les
Arcs le long du rumb de vent jufques à cette
Aiguille, on trouvera avoir fait 48 lieuës &
demie fur la route, & comptant par les travers
on aura 27 lieuës en Longitude, lefquels il
faudra reduire en degrez par le moyen Paralelle comme vous allez voir.

Ajoûtez 48 degrez 33 minutes & 46 d e
33 minutes enfemble, vous aurez 95 degrez
6 minutes, prenez la moitié de ce nombre
ce fera 47 degrez 33 minutes pour le moyen
Paralelle d'entre ces deux Latitudes; cela fait,

Bandés le fil fur le quart de Cercle G F,
depuis le point G, jufques à 47 degrez
33 minutes, puis comptez les 27 lieuës

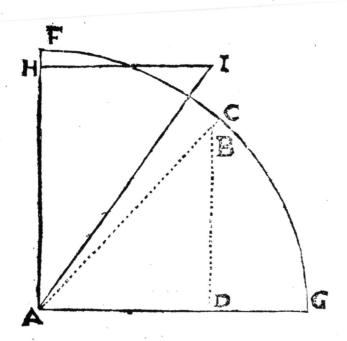

en Longitude , fur le côté pris pour Eft ou
Oüeft A G , ces lieuës allant couper le fil
en montant à plomb , & Paralelle à la premiere Meridienne AF, regardés là où ils finiffent
& marqués y une Aiguille , & comptés le long
du fil & du Centre par les Arcs, vous trouverés
40 lieuës majeures , ou 2 degrez pour la difference en Longitude vers l'Oüeft , lefquels étant
ôtés de la Longitude partie, felon la VI. maxime
de la XLI Propofition de ce Livre 12 deg. 18
min. (à caufe qu'on a été vers l'Oüeft) reftera

10 deg. 18 min. pour la Longit arrivée, laquelle fera mife à côté ainfi qu'on la voit marquée.

Les autres regles de cette efpece fe réfoudront de la même maniere que celle-cy.

PRATIQUE.

A Lat. partie du côté du Nord 48 deg. 33 min.
H Lat. arrivée du côté du Nord 46 deg 33 min.

A H Differ. en Lat. vers le Sud 2 deg. 00 min.

A I le chemin fur la route.... 48 lieuës & dem.
H I les lieuës de differt. en Long. 27 lieuës.

G C moyen Paralelle de..... 47 deg. 33 min. felon lequel les 27 lieuës mineures de Longitude A D, valent 40 lieuës majeures ou 2 deg. 00 m. A B.

A Longitude partie........... 12 deg. 18 min.
A B difference vers l'Oüeft ôtée 2 deg. 00 min.

B Longitude arrivée........... 10 deg. 18 min.

Si on étoit parti de la Ligne Equinoxiale, & qu'on fût arrivé à une Latitude, foit du côté du Nord ou du côté du Sud, la Latitude arrivée feroit la difference en Latitude

Si on fupofe être parti d'une Latitude du côté du Nord, & que la Latitude arrivée fût du côté du Sud, & au contraire, la difference en Latitude feroit l'adition des deux.

Si on part du premier Meridien, & qu'on ait élevé plufieurs degrez en Longitude vers l'Eft,

Seiziéme Octobre 1707.

ce sera la Longitude arrivée, & si on a fait ces
mêmes degrez vers l'Oüest, il faudra le souftraire
de 360 deg. pour avoir la Longitude arrivée.

Si on supose être parti d'une Longitude à l'Est
du premier Meridien, & qu'on ait fait un nombre de degrez vers l'Oüest, ensorte que la difference en Longitude soit plus grande que la Longitude partie, pour lors il faudra ajoûter la moindre Longitude avec 360 degrez, & de la somme
en ôter la difference, le reste sera la Longitude
arrivée.

Mais si partant d'un lieu à l'Oüest du premier
Meridien, & ayant élevé vers l'Est plus de
degrez qu'il n'en faut pour accomplir avec la
Longitude partie 360 degrez, on doit ôter le
nombre de 360 degrez, & le reste sera la Longitude de l'arivée. &c. Cecy est expliqué tout
au long par la VI. maxime de la XLI. Proposition de ce Livre.

PROPOSITION IV.

Dix septiéme Octobre 1707.

| Difer. en Latitude 1-d, 6. | Depuis le midy, du dix-septiéme jusques à midy du dix-huitiéme dudit mois, nous avons couru au Sud-Oüest quart Sud d'un vent medio-crement fort de N. O. quart O. & N. O. & fait au vray. . . . . | Long 9-14. 26 . demie. |

En cette Proposition on doit agir comme en
la regle précédente, pour trouver au vray, le

Lat 0.
45-27.

chemin que le Navire a fait, & la Longitude où il eſt arrivé, & voicy la ſupoſition qu'il faut faire.

Je pars de 46 deg. 33 min. de Latitude Nord, & de 10 deg. 18 min. de Longitude, j'ay ſinglé ſur la route du Sud-Oüeſt quart Sud, juſques à la Latit. de 45 deg. 27 min. auſſi Nord : Je demande le chemin que j'ay fait, & la Longitude où je ſuis arrivé.

Pour reſoudre cette Propoſition par le Cercle ou Quartier de Proportion, & autres ſemblables, ôtez les degrez des deux Latitudes l'une de l'autre, ſçavoir 45 degrez 27 minutes, de 46 degrez 33 minutes ; reſte 1 degré 6 min. pour la différence en Latitude vers le Sud. Comptez un degré 6 min. ſur le Nord & Sud du Cercle ou Quartier de Proportion, & conduiſez le Paralelle par le travers, juſques au Sud Oüeſt quart Sud, & là piquez-y une Aiguille, alors ſi vous comptez du Centre du Cercle ou Quartier ſur les Arcs le long dudit rumb de vent, vous trouverez 26 lieües & demie pour le chemin du Navire, & 14 lieües trois quarts pour les lieües de Longitude, leſquelles vous reduirez en degrez par le moyen Paralelle comme il enſuit.

Ajoûtez 46 degrez 33 minutes Latitude partie avec 45 degrez 27 minutes Latitude arrivée, vous aurez 92 degrez dont la moitié ſera 46 deg. pour le moyen Paralelle, cela fait,

Dix-septiéme Octobre. 1707.

Bandez le fil fur ce moyen Paralelle depuis le
Point G vers F, puis comptez les 14 lieuës trois
quarts de Longitude fur le côté que vous prenez
pour Eſt & Oüeſt A G, & en montant à plomb
& Paralelle à la premiere Meridienne A F
juſques au fil bandé, attachez là une Aiguille &
comptez du Centre le long du fil juſques à cette Aiguille, vous trouverez un degré 4 minutes pour la valeur des 14 lieuës trois quarts

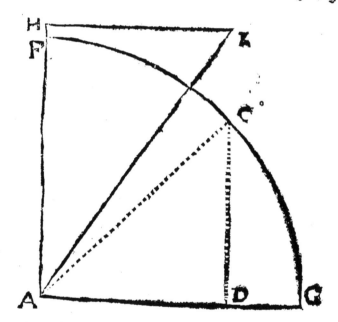

à l'Oüeſt ce qui eſt la difference en Longitude,
ôtez donc cette difference, de la Longitude partie
10 deg 18 min. (à cauſe que vous allez vers

Dix-septiéme Octobre 1707.

l'Oüeſt) reſtera 9 degrez 14 min. pour la Longitude arrivée, ce que vous devez mettre à
côté comme vous la voyez.

Les autres exemples de cette eſpece, ſe
doivent reſoudre comme vous venez de voir.

PRATIQVE.

A Lat. partie du côté du Nord 46 degrez 33 min.
H Lat. arrivée du côté du Nord 45 degrez 27 min.

A H Differ. en Lat. vers le Sud. 1 degré 06 min.

A I Le chemin en route ---- 26 l. & demie.
H I Les lieuës de diff. en Long. 14 lieuës 3 quarts.

Le moyen Paralelle --------- 46 deg.
ſelon lequel les 14 lieuës trois quarts, valent un
degré 4 minutes de Longitude.

A Longitude partie ------- 10 degrez 18 min.
A C difference en Longitude ---- 1 degré 4 min.

C Longitude arrivée ------- 9 degrez 14 min.

PROPOSITION V.

Dix-huitiéme Octobre 1707.

Depuis le midi du dix-huitiéme juſques à
midi du dix-neuziéme dudit mois, vous avons
S.S.O. couru ſur pluſieurs routes, leſquelles valent
lic. toutes en une le Sud-Oüeſt quart Sud 2 degrez 58
minutes

Dix huitiéme Octobre 1707.

minutes plus Oüest d'un petit vent, & fort variable depuis le O. N. O. jusques au O S. O.
& fait en ligne droite par estime. . . . . 6 lieues

Ceux qui aprennent à pointer plusieurs routes
sur le Cercle ou Quartier de Proportion, en feront l'aplication comme il va être dit, & afin
de leur faire entendre, il leur faut proposer
l'Exemple comme il leur est enseigné.

Je pars de 45 deg. 27 min. de Latitude Nord,
& de 98 deg. 14 min. de Longitude. J'ay fait
sur la route du S. S. O. . . . . 5 lieuës.
Plus au N. quart N. O. . . . . . . 1 lieuë.
Plus au S. quart S. E. . . . . 7 lieuës.
Plus au N. O. quart N. . . . . 6 lieuës.
Je demande aprés toutes ces routes par quelle
Latitude & Longitude je suis arrivé, la route
que j'ay faite en ligne droite, & le chemin
par le plus court.

Voicy la Proposition par le Cercle & Quartier de Proportion.

Pointez sur le Cercle ou Quartier de Proportion chaque route en particulier, & redui-
sez le tout sous les quatres principaux rumbs de
vent. Nord, Sud, Est & Oüest.

Si vous commencez par la premiere route
qui est le Sud Sud-Oüest, sur laquelle vous
avez fait 5 lieuës, il les faudra compter sur le
rumb de vent, & où ils achevent poser une

E

Aiguille ; si vous comptez de haut en bas Paralelle à la premiere Meridienne A D, vous
trouverez que cela vous aura valu au Sud 4
lieuës 6 dixiémes, & par les travers 1 lieuë 9
dixiémes à l'Ouest.

La seconde route qui est le Nord quart
Nord-Oüest, donne au Nord tout prés d'une
lieuë & au Oüest deux dixiémes d'une lieuë.

La troisiéme route le Sud quart Sud-Est 7
lieuës, donne au Sud 6 lieuës 9 dixiémes, &
à l'Est une lieuë 4 dixiémes.

La quatriême & derniere route étant poin-
tée qui est le Nord-Oüest quart Nord 6 lieuës
fait voir de bas en haut 5 lieuës au Nord, &
par les travers 3 lieuës 3 dixiémes au Oüest, si
bien que les lieuës du Nord, du Sud, de l'Est
& du Oüest, étans ajoûtées chacune en leur
particulier, donnent 6 lieuës au Nord, 11 lieuës
5 dixiémes au Sud, 1 lieuë 4 dixiémes à l'Est,
& 5 lieuës 4 dixiémes au Oüest, dont ôtant
les lieuës du Nord de celles du Sud, reste 5
lieuës 5 dixiémes, ou 5 lieuës & demie plus
Sud, & les lieuës de l'Est, une lieuë 4 dixiémes étans ôtées de 5 lieuës 4 dixiémes au
Oüest, reste 4 lieuës plus Oüest.

Ayant donc trouvé avoir avancé au Sud 5
lieuës & demie, il les faut reduire en minutes de Latitude en donnant 3 min. d'un deg.
pour une lieuë, il viendra 17 min. pour la dif-

ference en Latitude vers le Sud, lefquelles on doit fouftraire de la Latitude partie felon la III. Maxime de la XLI. Propofition de ce Livre 45 deg. 27 min. refte 45 deg. 10 min. pour la Latitude arrivée.

Il faut à prefent trouver le moyen Paralelle par lequel il faut reduire les 4 lieuës à l'Oüeft en deg. ou min. de Longitude, afin d'avoir la Longitude arrivée comme il enfuit.

Ajoûtez 45 deg. 27 min. avec 45 deg. 10 minutes, Latitude partie & arrivée en une fomme, le tout fera 90 deg. 37 min. dont la moitié eft 45 deg. 18 min. pour le moyen Paralelle ; cela fait,

Bandez le fil du Cercle ou Quartier de Proportion par ce moyen Paralelle 45 degrez 18 min. fur le quart de Cercle E D du point E, & comptez fur la ligne d'Eft au Oüeft 4 lieuës en conduifant de bas en haut fur les Metidiennes jufqu'à ce que l'Aiguille coupe le fil bandé comme deffus, puis comptez fur les Arcs le long du fil, vous trouverez 5 lieuës deux tiers majeures ou 17 minutes pour la difference en Longitude vers l'Oüeft, lefquelles il faut ôter de la Longitude partie felon la VI. Maxime de la XLI. Propofition de ce Livre, 9 deg. 14 min. reftera 8 deg. 57 min. pour la Longitude arrivée.

Pour trouver à prefent ce que la route a

Dix-huitiéme Octobre 1707.

valu en ligne droite, il eſt fort aiſé, car il ne
faut que compter 5 lieuës & demie ſur le Sud,
& là où ils finiſſent compter par les travers 4
lieuës qu'on a avancées au Oüeſt & mettre
une Aiguille en ce point & y bander le fil,
il fera connoître que le rumb de vent ſera le
Sud-Oüeſt quart Sud prenant 2 deg. 5 min.
vers l'Oüeſt, & ſi vous comptez ſur le fil par
les Arcs, vous trouverez 6 lieuës & 2 tiers
pour le chemin en ligne droite.

Ce qui eſt une aſſûrance que pour retourner

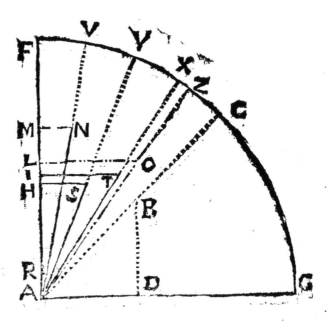

d'où on étoit party le jour precedent, qu'il

Dix-huitiéme Octobre. 1707.

faudroit aller par la route oppofée qui feroit
le N. E. quart N. 2 deg. 5 min. plus Eft,
fur laquelle il faudroit faire 6 lieuës deux tiers
contre le fentiment de ceux qui ne prétendent
pas que le moyen Paralelle foit neceffaire dans
la Pratique de la Navigation.

Tous les autres Exemples de cette efpece fe
doivent refoudre de même que celle-cy.

PRATIQUE.

Rumbs de vent.	Lie.	N.	S.	E.	O.
S. S. O.	5	. .	4-6.	. .	1-9.
N. q. N. O.	1	1.	. .	. .	. 2.
S. q. S. E.	7	. .	6-9.	1-4.	. .
N. O. q. N.	6	5 -			3-3.
		6	11.5	1-4.	5-4.
			6		1-4.

Lieuës plus Sud. - - - - - 5.5 | I 4 li.

Valeur des lieuës Sud pour la Dif. en Lat. . 17 m.
Latitude partie Nord. - - - - - - - 45-27

Latitude arrivée Nord. - - - - - - - 45-10

Le moyen Paralelle 45 degrez 18 minutes,
felon laquelle les 4 lieuës avancées au Oüeft,
valent 17 minutes d'un degré pour la différence
en Longitude vers l'Oüeft.

JOURNAL

Dix-huitiéme Octobre. 1707.

Longitude partie - - - - - - - 9 deg. 14 min.
Differ. en Longitude vers l'Oüeſt. - - - 17 min.
Longitude arrivée - - - - - - 8 deg. 57 min.

Les 5 lieües & demie , comptez ſur le côté
du Cercle ou Quartier de Proportion qu'on
prend pour Nord & Sud , & les 4 lieües comptez
par les travers donne la route du Sud-Oüeſt quart
de Sud 2 deg. 5 min. plus Oüeſt , & la diſtance
ſe trouve de 6 lieües & deux tiers en ligne droite.

J'avertiraï en paſſant les jeunes Navigateurs
d'une choſe , qui eſt lors que dans pluſieurs routes
il ſe rencontre des lieües au Nord, au Sud, à
l'Eſt ou au Oüeſt, qu'ils doivent trouver la
Latitude & Longitude où ils ſont arrivez à la
fin des routes qui précedent quelqu'unes des
quatres nommées , s'ils n'aime mieux pour le
plus juſte , trouver la Latitude & Longitude arrivée au bout de chaque route qui eſt la même
choſe , j'en aporterai des raiſons en la 16 Propoſition de cette ſeconde par. on y peut avoir recours.

PROPOSITION VI.

Dix-neuviéme Octobre 1707.

Depuis le midi du dix-neuviéme juſques au len-
demain midi du vingtiéme dudit mois, nous avons
couru au Oüeſt d'un gros vent de Sud avec nos
deux baſſes voiles & fait par eſtime . . . . 30 li

Longi
6- 5

lat E
45. 1

Dix-neuvieme Octobre 1707.

Voici la Propofition comme nous l'enſeignons dans nos Academies de Navigation.

Je pars de 45 deg. 10 min. de Latitude Nord, & de 8 deg. 57 min. de Longitude, j'ai fin-glé fur la route du Oüeſt 30 lieuës. Je demande par quelle Latitude & Longitude je fuis arrivé ou plûtôt.

Je demande combien 30 lieuës d'Eſt ou Oüeſt valent de deg. & min. en Longitude par la Latitude de 45 degrez 10 minutes.

Pratique de cét Exemple par le Cercle or Quartier de Proportion.

Pour refoudre cette Propofition & autres femblables, bandez le fil par la Latitude de 45 deg. 10 min. fur le Quart de Cercle G F de nôtre Cercle ou Quartier de Proportion, commençant en G, puis comptez les 30 lieuës fur la premiere Paralelle ou ligne d'Eſt & Oüeſt A G, & élevez une ligne à plomb Paralelle à la premiere Meridienne A F jufques à ce qu'elle aille couper le fil, & là attachez une Aiguille ou Epingle, & comptez enfuite fur les Arcs le long du fil, vous trouverez 42 lieuës & demie majeures pour A C, ou 2 deg. 7 min. pour la difference en Longitude vers l'Oüeſt, lefquels il faut fouſtraire de la Longitude partie 8 degrez 57 minutes felon la VI maxime de la XLI. Propofition de ce Livre, reſtera 6 deg.

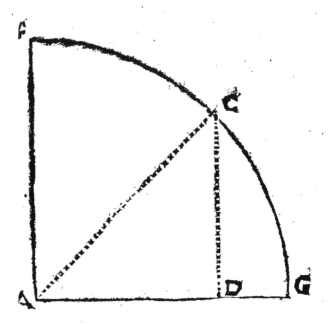

50 min. pour la Longitude arrivée ; la Latitude
est la même que celle du jour précedent, puisque l'on a tenu la route du Oüest.

Tous les autres Exemples de cette espece
se doivent resoudre comme celuy-cy.

PRATIQVE.

La Latitude derniere partie 45 deg. 10 min- sert
icy de moyen Paralelle, selon lequel les 30 lieuës à
l'Oüest A D, valent 2 deg. 7 min. pour la difference
en Longitude A C.

                                      A Longitude

Dix-neuviéme Octobre. 1707.

A Longitude partie - - - - - - - - - - 8 deg. 57 min.
A C Difference en Long. vers l'Oüeſt 2 deg. 7 min.

C Longitude arrivée - - - - - - - - - - 6 deg. 50 min.

La Latitude arrivée eſt la même que celle d'ou l'on eſt parti, puiſqu'on a ſinglé ſur la route du Oüeſt.

*

Le vent étant venu en foudre dans de la pluye en quantité, nous n'avons pû porter de Voiles, ni prêter le côté au vent, ce qui nous a obligé de faire vent arriere aux mats & cordes pour nous ſauver à Breſt; & pour cét effet il faut voir ſur la Carte Reduite, ſur le Cercle & Quartier de Proportion, ou ſur quelqu'autre Inſtrument la route & le chemin qu'on a à faire en conſiderant la Lat. & Long. où l'on eſt, & la Latitude & Longitude où l'on veut aller en cette ſorte.

La Latitu. où l'on ſe trouve, eſt de 45 deg. 10 min. & celle où l'on veut aller qui eſt Oüeſſant eſt par par 48 deg. 30 minutes ſouſtrayant ces deux nombres l'un de l'autre, reſte 3 deg. 20 min. pour la difference vers le Nord.

La Longitu. où l'on eſt, s'eſt trouvée de 6 deg. 50 min. & celle d'Oüeſſant eſt de 12 deg. 30 min. ôtant ces deux nombres l'un de l'autre, reſte 5 deg 40 min. pour la difference en Long. vers l'Eſt, la route ſera donc entre le Nord & l'Eſt.

Le moyen Paralelle ſe trouve entre les deux Latitu. par ſimple adition de 46 deg. 50 min.

E

felon laquelle les 5 deg. 40 min. de difference
en Long. valent 78 lieuës, lefquelles étant comptés fur l'Eft & l'Oüeft du Cercle ou Quartier de
Proportion , & les 3 deg. 20 min. de difference
en Latitude fur le Nord & Sud , le rumb de vent
fe trouvera le Nord-Eft prenant 4 deg. 40 min.
plus Eft , & en comptant du Centre fur les Arcs ,
on verra 102 lieuës à faire fur cette route.

Mais à caufe qu'on ne peut pas faire un rumb
de vent qui prend quelques degrez vers un autre,
il faudroit gouverner au Nord-Eft , jufques à la
Latitude de Oüeffant , & puis aprés gouverner
juftement à l'Eft.

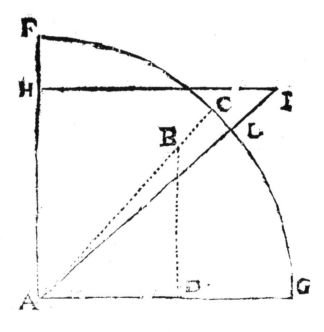

PRATIQVE.

H Lat. où l'on veut aller du côté du Nord. 48 - 30.
A Latitude d'où l'on part du côté du Nord. 45 - 10.

A H difference en Latitude vers le Nord.   3 - 20.

I Longitude où l'on veut aller - - - - -   12 - 30.
H Longitude d'où l'on part - - - - - - - . 6 - 50.

I H difference en Longit. vers l'Est - - - - 5 - 40.
La route fera donc entre le Nord & l'Est.
B C moyen Paralelle qui est de 46 deg. 50 minutes,
felon lequel les 5 degrez 40 minutes de Longitudes
vallent 78 lieuës à l'Est.

A H difference en Latitude vers le Nord - - 3 - 20.
I H difference en Longitude vers l'Est - - 78 lieuës.
F L Le rumb de vent se trouve le Nord Est prenant
4 degrez 40 minutes plus Est.
A I Le chemin est de 102 lieuës.

PROPOSITION VII.

Vingtiéme Octobre 1707.

Depuis le midy du vingtiéme jusques à midy
du vingt-uniéme dudit mois, nous avons couru ——
au Nord-Est quart Est, avec nôtre Mizane Long.
reliée, ou nôtre Borset le ris pris d'un gros 9 - 51.
vent de O. & fait par estime . . . . *50 lie.*

Imaginez vous une Proposition comme on Lat. E.
vous en donne dans les Ecoles de la Navigation, 46 - 24.

Je pars de 45 deg. 10 minutes de Latitude
Nord, & de 6 deg. 50 min. de Longitude, j'ay

Vingtiéme Octobre 1707.

fait fur la route du Nord-Eft quart d'Eft 50
lieuës : Je demande par quelle Latitude &
Longitude je fuis arrivé.

Pratique de cet Exemple par le Cercle &
Quartier de Proportion.

Pour refoudre cette Propofition & autres femblables, il faut compter fur le Nord-Eft quart
d'Eft fur les Arcs, les 50 lieuës faites en cette
route, & là où ils finiffent attacher une Aiguille
ou épingle, puis comptés de bas en haut fur les
Meridienes, vous trouverés 28 lieuës ou 1 degré
24 min. pour la difference en Latitude vers le
Nord, ce que vous devés ajoûter (puifque vous
allés vers le Nord) avec 45 deg. 10 min. Latitude partie, felon la III maxime de la XLI
Propofition de ce Livre, pour avoir 46. deg. 34
minutes pour la Latitude arrivée.

Aprés il faut voir par les travers & Paralelle à
ligne A E, on trouvera 41 lieuës 2 tiers pour la
difference en Longitude vers l'Eft, lefquelles feront reduites en degrez & minutes de Longitude
par le moyen Paralelle comme il enfuit.

Ajoûtés 45 deg. 10 min. & 46 deg. 34 min.
enfemble, le tout fera 91 deg. 44 min. dont la
moitié eft 45 deg. 52 min. pour le moyen Paralelle ; cela fait,

Bandés le fil du Cercle ou Quartier de Proportion par la Latitude du moyen Paralelle 45

deg. 52 min. fur le quart de Cercle F G, commençant au point G, comptés enfuite les 43
lieuës 3 quarts, faites à l'Eft fur la ligne AG,
(laquelle eft prife en ce rencontre pour la ligne
Equinoxiale) & là élevés une ligne à plomb Paralelle à la premiere Meridienne AF, jufques à
ce qu'elle aille couper le fil, bandé par le moyen

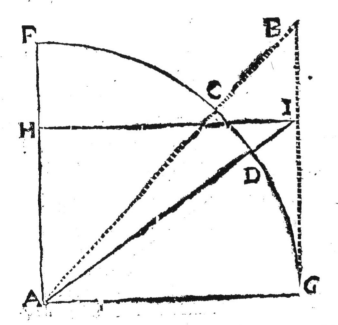

Paralelle , & là attachés une aiguille ou épingle,
enfuite comptés du Centre du Cercle ou Quartier de Proportion le long du fil, vous trouverés
60 lieuës majeures ou 3 deg. pour la différence
en Longitude vers l'Eft, lefquelles ajoûtés avec

la Longitude du départ 6 deg. 50 min. (puifç
qu'on a été vers l'Eft) & felon la **V.** maxime
de la XLI Propofition de ce Livre , vient 9 deg.
50 min. pour la Longitude arrivée , ce qu'il faut
pofer à côté comme vous la voyés cy-devant.

Et ainfi des autres exemples de cette efpece.

PRATIQUE.

A	Latitude partie Nord	45 deg. 10 min.
A H	Differ. en Lat. vers le Nord	1 deg. 24 min.
H	Latitude arrivée Nord	46 deg. 34 min.
I H	Differ. en Longitude	41 lie. 2 tiers.
G C	Moyen Paralelle	45 deg. 52 min

felon lequel les 41 lieuës deux tiers, valent 3 deg.
en Longitude.

A	Longitude partie	6 deg. 50 min.
A B	Difference en Longitude	3 deg. min.
B	Longitude arrivée	9 deg. 50 min.

Remarquez icy en paffant que fi vous per-
diés quelques Mâts, Voiles, ou que vôtre Navire fît ou lachât grand-Eau , ou que vous re-
çûffiez quelque coup de Mer à caufe du mauvais temps , il faudroit faire mention de cela
en cet endroit ou ailleurs , là où quelques uns
de ces accidens vous arriveroient dans un temps
de cette nature.

Vingtuniéme Octobre 1707.

PROPOSITION VIII.

Vingt-uniéme Octobre. 1707.

Depuis le midy, du vingt-uniéme jusques à midy du vingt-deuxiéme dudit mois, nous avons couru au Nord-Est avec nôtre Mizane ou nô- tre Borset le ris pris d'un gros vent de O. & fait par estime . . . . 50 lies.

Long.
12-28.

Alors nous étions au Oüest Sud-Oüest de Oüessant environ 4 lieües, c'est ce qui fait que je ne pointe point cette route sur le Cercle & Quartier de Proportion, nous avons passé par Liraize en rangeant les Noires, & de-là nous avons gouverné sur la Pointe de S. Mathieu, afin d'éviter la Vandrée, le Goymon, la Par- quette ; puis aprés nous avons été comme la terre du côté de S. Mathieu un peu au large, à cause du Coq qui est environ à une portée de Mousquet de terre : ensuite nous avons continué la route jusques sous le Château de Brest, il se faut donner de garde dans le goulet, ou plûtôt dans l'étroit de ladite Baye d'une chaine de Rochers nommez le Mizant & les Fillettes qui sont droit dans le milieu, c'est pourquoy il faut ranger la terre d'un côté ou de l'autre, afin d'éviter ces Rochers ; Enfin nous sommes moüillez sous le Fort de Brest le même jour à 4 heures du soir.

Lat- E.
48-20.

Vingt-uniéme Octobre. 1707.

Vous devés encore remarquer les braſſes d'eau
où vous moüillés, de quelle maniere on ſe doit
affourcher, combien la mer monte de braſſes à
pic dans la nouvelle & pleine lune, la ſituation
du lieu, les amarts qu'il faut avoir pour le bon
moüillage, la chûte des courants : il faut auſſi
demander aux Navigateurs du lieu, s'il n'y a
point quelque danger qui ne ſoit point marqué
dans la Carte dont vous vous ſervés; & enfin,
marqués ſur vôtre Journal tout çe qui ſe paſſe
de plus remarquable, pendant vôtre ſéjour en
cedit lieu ou autre.

Nous ſommes partis de Breſt le premier jour
de Novembre 1707. *ſur les 7 heures du ma-*
tin d'un beau vent de N. E. *un peu fort de*
la même maniere que nous y avions entré, mais
par la route oppoſée, ſi bien que ſur le midy
Oüeſſant demeuroit au Nord de nous environ 2
lieuës, ce point eſt par 48 *deg.* 24 *min. de*
Latitude Nord & par 12 *deg.* 30 *minutes de*
Longitude, on doit y recommencer ſa Naviga-
tion pour aller à Madere, ainſi qu'on a re-
marqué par la deuxiéme Propoſition de cette
ſeconde Partie.

PROPOSITION IX.

Premier Novembre. 1707.

Differ. en Lat.		Long.
1-5.	*Depuis le midy du premier Novembre juſ-* *ques à midy du deuxiéme dudit mois, nous* *avons*	20 4

Premier Novembre 1707.
àvons couru au Sud-Oüeſt quart Sud d'un vent de
N. E. paſſablement fort, & fait au vray..... 40 lie.

Faites icy l'aplication d'une regle ſemblable *Lat.6.*
à celle qu'on doit avoir apriſe aux Ecoles de *46.33.*
Marine.

On ſupoſe être party de 48 deg. 24 min. de
Latitude Nord, & de 12 deg. 30 min. de Longitude, on a tenu la route du Sud-Oüeſt quart
Sud juſques à la Latitude de 46 deg. 33 min.
auſſi Nord. : Ou demande le chemin qu'on a
fait, & la Longitude où l'on eſt arrivé.

Pratique de cét Exemple par le Cercle ou
Quartier de Proportion. :

Pour reſoudre cette Propoſition, & autres ſemblables, il faut agir comme en la troiſiéme &
quatriéme Propoſition de cette ſeconde Partie,
c'eſt-à-dire qu'il faut prendre la difference en
Latitude, en ôtant les deux Latitudes l'une de
l'autre, ſçavoir 46 deg. 33 min. Latitude arivée
de 48.deg 24 min. Latitude partie, ainſi qu'il
eſt expliqué par la I maxime de la Propoſition
XLI de ce Livre, le reſte ſera 1 deg. 51 min.
pour la difference en Latitude vers le Sud, lequel degré 51 min. faut compter ſur le Nord ou
Sud du Cercle ou Quartier de Proportion, &
conduire par les travers juſques au Sud-Oüeſt

G

Premier Novembre 1707.

quart Sud , & là attachés une aiguille ou épingle , puis compter sur les Arcs le long de l'Air
de vent jusques à cette aiguille , on trouvera 44
lieuës & demie en céte route, & comptant par les
travers , on remarquera 24 lieuës deux tiers qu'on
aura avancées au Oüest , lesquelles seront reduites
en degrez de Longitude, selon le moyen Paralelle
d'entre les deux Latitu. comme on va voir.

Ajoûtés 48 deg. 34 min. avec 46 deg. 33
min. Latitude partie & arrivée , le tout fera 94
deg. 57 min. dont la moitié est 47 deg. 29
min. pour le moyen Paralelle ; cela fait,

Bandés le fil sur le quart de Cercle G F , commençant à compter du point G jusques à 47
deg. 29 min. qui est la moyenne Latitude , le
fil étant tendu de cette sorte, comptés les 24
lieuës deux tiers avancées en Longitude , sur la
ligne d'Est ou Oüest A G, ces lieuës allant couper le fil en montant à plomb , & Paralelle à la
premiere Meridiene AF ; regardés là où ils finissent & y attachés une aiguille , & comptés du
Centre par les Arcs le long du fil bandé, vous
trouverés 37 lieuës majeures , ou 1 deg. 51 min.
pour la difference en Longitude vers l'Oüest ; si
bien que vous n'aurés qu'à ôter cela de 12 deg.
30 min Longitude partie , à cause que vous
allés vers l'Oüest, selon la VI maxime de la XLI

Premier Novembre 1707.

Proposition de ce Livre, il restera 10 deg. 39 min. pour la Longitude arrivée , laquelle doit être cottée dans vôtre Journal , comme vous la voyés cy-devant.

Les autres Exemples de cette espece se doivent resoudre de la même maniere.

Je me sers toûjours du moyen Paralelle ou de la moyenne Latitude par simple addition , comme étant celle qui est la plus en usage quoy qu'elle ne soit pas la plus juste , mais comme il se trouve dans tous ces Exemples peu de difference en Latitude , c'est ce qui fait que l'erreur ne peut jamais être considerable , s'il se rencontre beaucoup de difference en Latitude , il faut agir comme il est dit en la deuziéme Proposition de cette seconde Partie ; ayés-y s'il vous plaît recours pour n'user point de repetition.

PROPOSITION X.

Deuziéme Novembre 1707.

Depuis le midy du 2. jusques à midy du 3. dudit *mois, nous avons couru au Sud-Oüest quart Sud d'un bon vent d'Est quart Sud-Est passablement fort, toutes voiles hors, & fait au vray.....*

Differ.
en Lat.
- 54.

Longit.
8 - 45.

45 lie.

Cette Proposition est de même espéce que la précedente , c'est pourquoi il faut procéder de la même maniere.

Lat. 0.
44 39.

Deuziéme Novembre 1707.

Je pars de 46 deg. 33 min. de Latitude Nord
& de 10 deg. 39 min. de Longitude, j'ay fait
ou tenu la route du Sud-Oüeft un quart Sud,
jufques à ce que je me fois trouvé par 44 deg.
39 min. de Latitude auffi Nord : Je demande le
chemin que j'ay fait, & la Longit. où je fuis arivé.

Pratique de cét Exemple par le Cercle & Quartier de Proportion.

Pour refoudre cette Propofition & autres femblables, il faut travailler de la même manieré
qu'on a fait à la troifiéme & quatriéme Propofition de cette feconde Partie ; c'eft-à-dire qu'il
faut prendre la difference en Latitude en ôtant
les deux Latitudes l'une de l'autre, fçavoir 44
degrez 39 min. Latitude arivée de quarante-fix
deg. 33 min. Latitude Partie, felon la I maxime de la XLI Propofition de ce Livre, refte 1
dgré 54 min. pour la difference en Latitude
vers le Sud, ce qu'il faut compter fur le Nord
ou Sud du Cercle ou Quartier de Proportion, &
là où ils achevent conduire par les travers en
ligne droite & Paralelle à la ligne A G, jufques
à ce qu'on aille couper le rumb de vent, & là ata-
chés une aiguille, puis comptés du Centre fur
le rumb de vent, & par les Arcs on trouvera
46 lieuës pour le chemin fur ladite route, & par
les travers commençant à la premiere Meridiene,

on comptera 25 lieuës & demie pour les lieuës avancées à l'Oüeft ; lefquelles on reduira en deg. de Longitude par la moyenne Latitude, comme il va être montré.

Ajoûtés 46 deg. 33 min. & 44 deg. 39 min. Latitude partie & arrivée, le tout fera 91 deg. 12 min. dont vous prendrés la moitié qui fera 45 deg. 36 min. pour la moyenne Latitude ou le moyen Paralelle ; cela fait,

Bandés le fil fur le quart de Cercle FG, commençant le compte du point G, jufques à 45 deg. 36 min. qui eft la moyenne Latitude ; comptés enfuite les 25 lieuës & demie à l'Oüeft fur la ligne d'Eft ou Oüeft A G, & montant à plomb, & Paralelle à la premiere Meridienne A F, avec les 25 lieuës & demie jufques au fil, attachés-là une aiguille ou épingle, & comptés du Centre par les Arcs le long du fil, vous trouverés 36 lieuës deux tiers majeures, lefquelles valent un degré 50 min. pour la difference en Longit. vers l'Oüeft, & ce qu'il faut ôter de 10 deg. 39 min. derniere Longit. (à caufe qu'on va vers l'Oüeft) refte 8 deg. 49 min. pour la Longit. arrivée, & ainfi des autres.

Ce jour au foir nous avons parlé à un Navire Hollandois qui venoit de   chargé de & qui s'en alloit à

La quantité des Navires qu'on voit, leurs

Pavillons, & où ils chaffent fe doit écrire auffi
dans un Journal, & fi on eft dans un Vaiffeau
de Roy, lorfqu'on donne chaffe à quelque Navire de Guerre ou Marchand, foit amy on ennemy de la France.

PROPOSITION XI.

Troifiéme Novembre 1707.

au S.
O.4. S.
10. *lie.*

au S.
O. 20l
au O
S. O
10. *lie.*

Depuis le midy du 3. *jufques à midy du* 4.
dudit m is; nous avons fait entre le Sud &
l'Oüeft 40 *lieües d'un vent variable depuis le*
Sud jufques à l'Eft, vent affés fort les Huniers
dehors à moitié mats, ce qui nous a valu aprés
la reduction faite le Sud-Oüeft quart d'Oüeft

Diff.
en Lat.
S. d. 5.

prenant 42 *min. plus Oüeft, fur laquelle nous*
avons fait par eftime comme deffus. . . . . 40 *li*

Longi
6 - 2
Lat. (

Vous pouvés faire l'aplication d'une regle 43-3
femblable à celle qu'on vous a enfeignée &
dont voicy l'ordre.

Je pars de 44 deg. 39 min. de Latitude
Nord & de 8 deg. 49 min. de Longitude, j'ay
fait entre le Sud & l'Oüeft 40 lieües, & par ma
hauteur je me fuis trouvé être arrivé à 43 deg.
34 min. de Latitude auffi Nord : Je demande
le rumb de vent que j'ay fait, & la Longitude
où je fuis arrivé.

Pratique de cét Exemple par le Cercle &
Quartier de Proportion.

Pour resoudre cette Propofition & autres femblables, il faut ôter les deux Latitudes l'une de
l'autre, afin d'avoir leur difference, ainfi qu'il eft
dit dans la I max. de la Propo. XLI de ce Livre
fçavoir 43 deg. 34 min. Latitude arrivée, de 44
deg. 39 min. Latitude partie, refte 1 degré 5
min. pour la difference en Latitude vers le Sud,
comptés ce degré 5 min. fur le côté du Nord ou
Sud du Cercle ou Quartier de Proportion, & là
attachés une aiguille ou épingle ; enfuite comptés
fur le même côté du Nord ou Sud, les 40 lieuës
faites en plufieurs routes, & allés en rond ou comme les Arcs jufqu'à ce que vous rencontriés le
Paralelle de vôtre difference en Latitude où eft
pofé vôtre aiguille, & là attachés une autre aiguille, & bandés le fil par ce point, vous verrés
en même tems que le rumb de vent que vous aura
valu la route, fera le Sud Oüeft quart d'Oüeft,
prenant 1 deg. 15 min. plus Oüeft, & fi vous
comptés par les travers, vous trouverés 33 lieuës
deux tiers pour les lieuës que vous aurés avancées
au Oüeft, lefquelles il faudra reduire en degrez
de Longitude felon la moyenne Latitude ou le
moyen Paralelle en cette forte.

Bandés la Latitude partie 44 deg. 34 min.

Troiſiéme Novembre. 1707.

avec les degrez de la Latitude arrivée 43 deg.
39 min. le tout fera 88 deg. 13 min. prenez
la moitié de ce nombre ce ſera 44 degrez 7
min. pour le moyen Paralelle ; cela fait,

    Bandez le fil par cette Latitude de 44 deg.
7 min. ſur le quart de Cercle G F, commençant le compte au point G ; comptez enſuite
les 33 lieuës 2 tiers avancées au Oüeſt ſur la

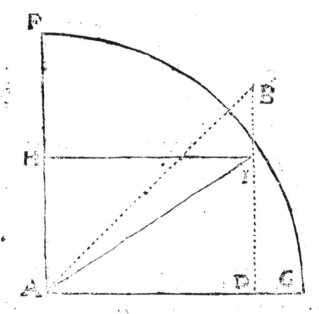

ligne d'Eſt ou Oüeſt A G, conduiſez les Meridiennes, qui terminent ces lieuës juſques
au fil bandé & là attachez une Aiguile ; puis
comptez le long du fil & du Centre A par les
Arcs, vous trouverez 47 lieuës majeures val-
                                  lant

Troisiéme Octobre. 1707.

lant degrez 21 min. pour la difference en
Longitude vers l'Oüest, ce qu'il faut souftraire de la Longitude partie 8 deg. 49 min. felon la VI. Maxime de la Propofition XLI. de
ce Livre, refte 6 deg. 28 min. pour la Longitude arrivée, laquelle doit être portée à côté
comme on la peut remarquer cy-devant.

. Les autres Exemples de cette efpece fe doivent refoudre de la même maniere que celuy-cy.

PRATIQVE.

A Lat. partie du côté du Nord 44 degrez 39 min
H Lat. arrivée du côté du Nord 43 degrez 34 min

A H Differ. en Lat. vers le Sud. 1 degré 05 min

H I Difference en Long. 33 lieuës deux tiers.
Le rumb de vent eft le Sud - Oüeft quart d'Oüeft
1 deg. 15 minutes plus Oüeft.

La moyenne Latitude eft de - - - - 44 degrez 7 min.
felon laquelle les 33 lieuës deux tiers à l'Oüeft, valent 2 degrez 21 minutes en Longitude.

A Longitude partie - - - - - - - - 8 degrez 49 min
A B Differ. en Longit. vers l'Oüeft 2 degrez 21 min.

B Longitude arrivée - - - - - - - 6 degrez 28 min.

Si on a été entre le Nord & l'Eft, entre le
Nord & l'Oüeft, ou entre le Sud & l'Eft, &
H

Troifiéme Novembre 1707.

qu'on foit parti d'une autre Latitude & Longitude, & qu'on ait fait plus ou moins de chemin & de différence en Latitude, il faut toûjours agir comme vous venés de voir, ce que
l'on peut connoître foy-même en fe propofant un
Exemple à fa volonté ; mais il faut que les lieuës,
du chemin foient plus fortes que les lieuës de la
différence en Latitude, autrement la Propofition
feroit fauffe.

PROPOSITION XII.

Quatriéme Novembre 1707.

Depuis le midy du quatriéme jufques à midy
du cinquiéme dudit mois, nous avons couru au
Oüeft avec nos baffes voiles d'un gros vent de S.
& fait par eftime . . . . 30 lie

Longit
4 - 24

Lat.E
43-3

Notés que je dis avoir fait la route du Oüeft,
quoy que nous euffions le Cap au O. S. O. ba-
bord au vent, à caufe du déchet qu'on donne ordinairement à une route, quand on va à la boli-
ne ou au plus prés du vent, avec les baffes voiles
qui eft d'un demi rumb de vent, un quart rumb
de vent, les Huniers hors, un rumb de vent à la
Cape, & enfin un rumb de vent & demy ame-
né tout bas ou à fec, & tout ceci à peu prés & felon le commun ufage, car il y a des Navires qui
dérivent moins que les autres, & c'eft à quoy un

Quatriéme Novembre 1707.

Pilote doit avoir égard, quand il est monté sur un Vaisseau.

Cette Proposition est de la même espéce que la sixiéme de cette seconde Partie, on la propose dans les Academies de Navigation en ces termes.

J'ay fait à l'Oüest 30 lieuës par la Latitude de 43 deg. 34 min. Je demande combien elles valent de deg. & min. en Longitude.

Pratique de cét Exemple par le Cercle ou Quartier de Proportion.

Pour resoudre cette Proposition & autres semblables, il faut travailler comme il a été dit en la sixiéme Proposition de cette seconde Partie, c'est-à-dire qu'il faut bander le fil par la Latitude de 43 deg. 34 min. sur le quart de Cercle GF, commençant le compte du point G, puis faut compter les 30 lieuës sur la premiere Paralelle ou ligne d'Est ou Oüest AG, & là où cela acheve il faut conduire de bas en haut la Meridiene, jusques à ce qu'elle aille couper le fil, & là attacher une aiguille, & compter ensuite sur les Arcs le long du fil, vous trouverés 41 lieuës un tiers majeures, ou 2 deg. 4 min. pour la valeur des 30 lieuës à l'Oüest & pour la difference en Longitude, lesquels doivent être ôtés de la Longitude partie 6 deg. 28 min. reste 4 deg. 24 min. pour

Quatriéme Novembre 1707.

la Longitude arrivée, laquelle on doit pofer à côté comme on le peut remarquer cy-devant.

Supofés, fi vous voulés une autre Latitude & Longitude partie, un autre nombre de lieuës d'Eft ou Oüeft à reduire en deg. & agiffés de la même maniere que vous venés de voir.

PROPOSITION XIII.

Cinquiéme Novembre 1707.

Depuis le midy du cinquiéme, jufques à midy du fixiéme dudit mois, nous avons couru ou plûtôt **Long.** *derivé à la (appe d'un grand vent d'Oüeft, &* 4 - 4 *Capié au Sud Sud-Eft par eftime. .... 15. li.*

Lat.
Remarqués icy que de vent d'Oüeft on peut 42-5 mettre le Cap au Sud Sud-Oüeft ftribort au vent; mais d'autant qu'il faut donner un rumb de vent pour le déchet de cette route, fuivant ce que nous en avons dit cy-devant, la route n'aura valu que le Sud Sud-Eft.

Cette Propofition eft de la même claffe que la feptiéme de cette feconde Partie, c'eft-à-dire qu'il faut la fupofer en ces termes.

Je pars de 43 deg. 34 min. de Latitude Nord & de 4 deg. 24 min. de Longitude, j'ay fait fur la route du Sud Sud-Eft 15 lieuës : Je demande par quelle Latitude & Longitude je fuis arrivé.

Pratique de cét Exemple par 'le Cercle ou Quartier de Proportion.

Pour refoudre cette Propofition & autres fem-blables, comptés fur le rumb de vent qui eft le Sud Sud-Eft par les Arcs, & du Centre du Cercle ou Quartier de Proportion A, les 15 lieuës faites en route, & là où ils finiront attachés-y une aiguille ou épingle, puis comptés de bas en haut par les Meridienes, vous trouverés 14 lieuës majeures ou 42 min. pour la difference en Latitude vers le Sud, ce que vous ôterés de la Latitude partie 43 deg. 34 min. (à caufe que vous allés vers le Sud, & que vous êtes party de Latitude Nord) reftera 42 deg. 52 min. pour la Latitude arrivée.

Vôtre aiguille étant toûjours pofée fur vôtre rumb de vent au bout de 15 lieuës, vous montrera en comptant par les travers & Paralelle à la ligne AG que vous avés avancé à l'Eft cinq lieuës deux tiers pour la difference en Longitude en lieuës, lefquelles vous reduirés en minutes de Longitude par la moyenne Latitude, ou le moyen Paralelle comme il va être dit.

Ajoûtés enfemble 43 degrez 34 minutes Latitude partie avec 42 deg. 52 minutes Latitude arrivée, viendra 86 degrez 26 minutes, dont vous prendrés la moitié 43 degrez 13 minutes qui fera le moyen Paralelle ; cela fait,

Bandés le fil par ce moyen Paralelle 43 deg. 13 min. fur le quart de Cercle G F, comptant du point G ; enfuite comptés les 5 lieuës 2 tiers avancées en Longitude fur la ligne d'Eft ou Oueft AG, & conduifés la Meridiene qui termine les lieuës jufques au fil bandé comme deffus, & là attachés une aiguille ou épingle, puis comptés

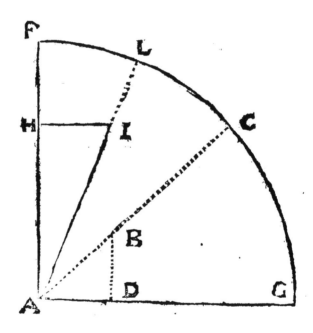

enfin du Centre & le long du fil par les Arcs, vous trouverés 7 lieuës deux tiers majeures ou 23 minutes pour la difference en Longitude vers

Cinquieme Novembre 1707.

l'Eſt, leſquelles vous ajoûterés avec la Longitude partie 4 deg. 24 min. le tout fera 4 deg. 47
mi. pour la Longitude arrivée , & ainſi des autres Exemples de cette eſpece.

PRATIQUE.

A Latitude partie du côté du Nord ------ 43 - 34
A H Difference en Lat. vers le Sud . ------- 42.

H Latitude arrivée du côté du Nord - -- -- 42 - 52.

H I Lieuës de Longitude pour la difference vers l'Eſt
5 lieuës deux tiers.

Moyenne Latitude - - - - - - - - - - - 43 - 13.
ſelon laquelle les 5 lieuës deux tiers vallent 23 min.
de Longitude pour la difference vers l'Eſt.

A Longitude partie - - - - - - - - - - - 4 - 24
A B Difference en Longitude vers l'Eſt. - - - 23.

B Longitude arrivée - - - - - - - - - - - 4 - 47

Nôtre Cercle de Proportion a cét avantage
au deſſus du Quartier, qu'on peut non ſeulement
pointer chaque route telle qu'elle eſt donnée ſans
faire valoir un rumb de vent, pour 4 differens,
mais même qu'on y remarque facilement ſi on a
élevé ou abaiſſé en Latitude & Longitude , ſi
bien que ſans ſortir du quart de Cercle dans lequel on travaille , on voit nettement s'il faut

ajoûter ou fouftraire la difference en Latitude
& Longitude avec la Latitude & Longitude
partie, pour avoir celle où l'on eft arrivé.

PROPOSITION XIV.

Sixiéme Novembre 1707.

*Depuis le midy du fixiéme jufques à midy du
feptiéme dudit mois, nous avons derivé côté à
travers à fec, c'eft-a-dire fans aucunes Voiles
Stribort au vent établiffant au* **Sud Sud Oüeft**, *
ce qui ne vaut que l'Eft Sud-Eft, à caufe du
déchet de la route qui eft d'un rumb de vent &
demy, & ce'a d'un grand vent d'Oüeft, &
avons fait par eftime en dérive* 10

Cette Propofition eft de la même efpece que
la précedente, & partant on doit agir de la même maniere.

Je pars de 42 deg. 52 min. de Latit. Nord &
de 4 deg. 47 min. de Longitude, j'ay fait fur la
route de l'Eft Sud-Eft 10 licuës. Je demande par
quelle Latitude & Longitude je fuis arrivé.

Pratique de cét Exemple par le Cercle &
Quartier de Proportion.

Pour refoudre cette Propofition & autres femblables, il faut premierement pointer fur l'Eft
Sud-Eft

Sixiéme Novembre. 1707.

Sud-Eft fur les Arcs les 10 lieuës qu'on a eftimé avoir faites & là attacher une Aiguille ou
épingle, enfuite il faut compter de bas en
Haut par les Meridiennes, on trouvera avoir
élevé 3 lieuës deux tiers, ou 11 min. au Sud,
ce qui s'apelle la difference en Latitude, laquelle difference étant ôtée de la Latitude partie 42 deg. 52 min. (à caufe qu'on a été
vers le Sud, & qu'on eft party de Latitude
Nord) refte 42 deg. 41 min. pour la Latitude arrivée.

L'Aiguille étant attachée fur le rumb de
vent au bout de 10 lieuës de chemin vous
fera remarquer en comptant par les travers &
Paralelle à la ligne **A G** que vous aurez avancé 9 lieuës un quart en Longitude vers l'Eft,
lefquelles vous reduirés en deg. & minutes
de Longitude par la moyenne Latitude ou le
moyen Paralelle comme il enfuit.

Ajoûtez enfemble 42 deg. 52 min. Latitude partie avec 42 deg. 41 min. Latitude
arrivée, viendra 85 deg. 33 min. dont la moitié fera 42 deg. 47 min. pour la moyenne
Latitude.

On peut encore trouver le moyen Paralelle d'entre ces deux Latitudes & toutes autres,
en prenant la moitié de la difference en Latitude, & l'ajoûtant avec la moindre Latitude, comme en cet Exemple la difference en

I

Latitude eft d'11 min. dont la moitié font
5 min. ou plûtôt 6 min. lefquelles ajoûtées
avec 42 deg. 41 min. moindre Latitude, viendra 42 deg. 47 min. pour la moyenne Latitude comme deffus.

La moyenne Latitude étant trouvée, il faut
bander le fil fur les deg. du quart de Cercle
G F, commençant le compte au point G ; enfuite il faut compter les 9 lieuës un quart
avancées en Longitude fur la ligne d'Eft ou
Oüeft A G, & conduire de bas en haut la
Meridienne qui termine ces lieuës jufques
à ce qu'elle coupe le fil bandé, & là on
doit piquer une Aiguille ou épingle : & enfin
compter du Centre du Cercle ou Quartier de
Proportion fur les Arcs le long du fil, on trouvera 12 lieuës deux tiers majeures ou 38 min.
pour la différence en Longitude vers l'Eft,
lefquelles étans ajoûtées avec la Longitude
partie 4 deg. 49 min. font enfemble 5 deg.
25 min. pour la Longitude arrivée, & ainfi
des autres Exemples de cette efpece.

PROPOSITION XV.

Septiéme Novembre. 1707.

*Depuis le midy du feptiéme jufques à midy
du huitiéme dudit mois, nous avons appareillé
nos Voiles les unes après les autres, d'autant
que le vent s'abaiffoit peu à peu enforte que le*

Septiéme Novembre. 1707.

vent étoit mediocre, & la *Mer appaisée à mi* Long.
dy de ce jour, si bien que nous avons couru au S. 2ς.
Sud du même vent Ouest, & fait par estime ... 18 *lie.*

Cette Proposition n'est pas difficile à être Lat. E.
entenduë, ce ne sont que des lieuës du Nord 41. 47.
au Sud à reduire en deg. donnant pour cha- Lat. O.
que 20 lieuës 1 deg. en Latitude, & pour cha- 41. 3ο
que lieuë 3 min. d'un degré, & voicy comme ――――
elle se propose dans les Écoles de Marine.

Je pars de 42 deg. 41 minutes de Latitude
Nord, j'ay fait au Sud 18 lieuës. Je demande
par quelle Latitude je suis arrivé, ou bien.

Je demande combien 18 lieuës au Sud vallent de deg. ou min. de Latitude.

Pour resoudre cette Proposition & autres
semblables, il faut diviser les 18 lieuës par
20 qui est la valleur d'un degré de Latitude
en France ce qui ne ne se peut, il faut donc
tripler les 18 lieuës, c'est-à-dire les multiplier par 3 à cause qu'une lieuë vaut 3 min.
il vient 54 min. d'un deg. pour la valleur des
18 lieuës au Sud, lesquelles on doit ôter de
la derniere Latitude qui est celle d'où l'on est
party 42 deg. 41 minutes, il restera 41 degré 47 min. pour la Latitude arrivée, la
Longitude derniere partie est encore celle où
on est arrivé puisque la route qu'on a faite
a été au Sud.

Septiéme Novembre. 1707

Ce jour la Latitude ayant été obſervée, il
faut la poſer au deſſous de la Latitude eſtimée & s'en ſervir dans les regles qui ſuivront
preferablement à celle qui n'eſt qu'eſtimée.

Vous voyez bien ſuivant ce que nous venons de dire que pour reduire des lieuës du
Nord ou Sud en degrez de Latitude qu'il ne
faut que les diviſer que par 20 & ce qui reſte
de la diviſion le tripler ou le multiplier par 3
pour avoir des deg. & min. de Latitude, ou
bien plus promptement, il ne faut que couper la derniere figure, & prendre enſuite la
moitié du nombre qui eſt vers la gauche pour
avoir des deg. & la figure retranchée étant
triplée ou multipliée par 3 donnera des minutes d'un degré.

Mais quand il arrivera que prenant la moitié du nombre, il y aura une moitié, comme
par exemple la moitié de 3 eſt un & demy,
il faut que ce demy valle 10 lieuës ou 30 minutes, leſquelles 30 min. ſeront ajoûtées avec
le triple de la derniere figure.

Suppoſé que j'aye 139 lieuës du Nord ou
Sud à reduire en degrez de Latitude, il faut
que je coupe la derniere figure qui eſt 9, &
que je prenne la moitié de 13 qui eſt 6 & demy, je retiens ce demy pour 10 lieuës ou 30
minutes, aprés je triple 9 lieuës ſont 27 min.
leſquelles je mets avec 30 font enſemble 57

Septiéme Novembre. 1707.

minutes, donc les 139 lieuës au Nord ou Sud
vallent 6 deg. 57 min. en Latitude, & ainſi
des autres Exemples de cette eſpece.

PROPOSITION XVI.

Huitiéme Novembre. 1707.

Depuis le midy du huitiéme juſques à mi-
nuit dudit jour, nous avons couru au Oüeſt
d'un vent de Nord-Eſt en beauture non pas
qu'il fallût faire cette route, mais à cauſe
d'un Vaiſſeau dont nous faiſions un Turc &
qui nous donnoit chaſſe, & que c'étoit l'apa-
reillage où nôtre Navire alloit le mieux ; en ____
effet le Vaiſſeau que nous faiſions Ennemy fût Longi.
obligé de nous quitter, ne nous pouvant attra- 4 15.
per, nous avons fait par eſtime . . . . 18 lie.

' Cette Propoſition eſt de la même eſpece Lat. E.
que la ſixiéme & douziéme de cette ſeconde 41.30.
Partie. Voicy donc comme on la doit ſupoſer. ____

Je pars de 41 degré 30 min. de Latitude
Nord & de 5 deg. 25 minutes de Longitude,
j'ay fait au Oüeſt 18 lieuës : Je demande
par quelle Latitude & Longitude je ſuis arrivé ; ou bien.

Je demande combien 18 lieuës d'Eſt ou
Oüeſt vallent de deg. & min. de Longitude
par la Latitude de 41 deg. 30 min.

Pratique de cet Exemple par le Cercle ou
Quartier de Proportion.

Pour refoudre cette Propofition & autres
femblables, il faut agir comme il a été déja
dit aux fixiémes & douziémes Propofitions de
cette feconde Partie, c'eft-à-dire qu'il faut
bander le fil par la Latitude de 41 deg. 30
min. fur le quart de Cercle E G, commençant le compte au point G, enfuite il faut
compter les 18 lieuës faites à l'Oüeft fur la
premiere Paralelle ou ligne d'Eft ou Oüeft A
G, & là où ils achevent conduire de bas en
haut la Meridienne jufqucs à ce qu'elle aille
couper le fil, & là attacher une Aiguille, &
enfin compter fur les Arcs le long du fil, on
trouvera 24 lieuës majeures ou un degré 12
min. pour la valleur des 18 lieuës à l'Oüeft
& pour la difference en Longitude vers l'Oüeft,
ce qu'il faut ôter de 5 deg. 25 minutes Longitude partie (à caufe qu'on a été vers
l'Oüeft) reftera 4 deg. 13 minutes pour la
Longitude arrivée, laquelle on doit pofer à
côté comme on voit.

La Latitude arrivée eft encore la même,
puifqu'on a été à l'Oüeft.

Huitiéme Novembre. 1707.

*Depuis minuit du huitiéme jufques à mi-
dy du neuviéme dudit mois, nous avons couru*

au Sud quart de Sud-Oüeſt qui eſt nôtre vraye Longit.
route pour aller à Madere, & cela d'un vent 3. 54.
fort de N. E. quart E. & fait par eſtime ..... 25 lie.

Voicy comme on doit ſupoſer cette Pro- Lat. E.
poſition. 40.17.

Je pars de 41 degré 30 min. de Latitude
Nord & de 4 deg. 13 min. de Longitude,
j'ay fait ſur la route du Sud quart de Sud-Oüeſt
15 lieuës : Je demande par quelle Latitude &
Longitude je ſuis arrivé.

Pratique de cet Exemple par le Cercle ou
Quartier de Proportion.

Pour reſoudre cette Propoſition & autres
ſemblables, il faut compter par les Arcs ſur
le Sud quart S. O. 25 lieuës, & au lieu où
ces lieuës finiſſent piquer une Aiguille ou épingle, puis aprés compter de bas en haut par les
Meridiennes, on trouvera 24 lieuës un tiers
au Sud ou 1 deg. 13 min. pour la difference
en Latitude vers le Sud , ce qu'on doit ſouſtraire de 41 deg. 30 min. Latitude partie &
obſervée, reſtera 40 deg. 17 minutes pour
la Latitude arrivée.

Comptant par les travers & Paralelle à la
premiere Paralelle A G, on trouvera 4 lieuës
trois quarts qu'on aura avancées au Oüeſt,
leſquelles ſeront reduites en deg. ou min. de

Huitiéme Novembre. 1707.

Longitude par la moyenne Latitude ou le moyen Paralelle, comme il enfuit.

Si on ajoûte 41 degré 30 min. Latitude partie avec 40 deg. 17 min. Latitude arrivée, le tout fera 81 deg. 47 min. dont la moitié fera 40 deg. 54 minutes pour la moyenne Latitude ; cela fait.

Bandez le fil du Cercle ou Quartier de Proportion par la Latitude de 40 deg. 54 min. fur le quart de Cercle E G, commençant le compte au point G ; comptés enfuite les 4 lieuës trois quarts avancés au Oüeft fur la ligne A G, & en ce point élevés une ligne à plomb ou plûtôt conduifés la Meridienne qui termine ces lieuës jufques à ce qu'elle coupe le fil bandé par la moyenne Latitude, & là attachés une Aiguille , & comptés du Centre du Cercle ou Quartier de Proportion par les Arcs , & le long du fil vous trouverés jufques à cette Aiguille 6 lieuës un tiers majeures ou 19 min. pour la difference en Longitude, laquelle à caufe qu'on a été vers l'Oüeft doit être ôtée de la Longitude partie 4 deg. 13 minutes , reftera 3 deg. 54 min. pour la Longitude arrivée.

Peut-être que quelques uns feront furpris de ce que je n'opere pas en ce dernier Exemple comme j'ay fait en la cinquiéme Propofition de cette feconde Partie , ayant été à

plufieurs

plufieurs routes d'un midy à l'autre, mais
j'efpere les faire revenir de leur étonnement
quand je leur en auray dit la raifon; fçavoir,
que felon le fentiment commun partant d'un
lieu & arrivant à un autre, & ces deux lieuës
étant fous la même Latitude, on ne fe fert
nullement de la moyenne Latitude ou du
moyen Paralelle; donc par ce principe on
doit reduire les 18 lieuës faites depuis le midy
du huitiéme jufques à minuit du même jour,
en deg. & min. de Longitude par la Latitude partie 41 deg. 30 min. & enfuite fçavoir
par quelle Latitude & Longitude on eft arrivé comme vous avés vû : cela fait, il faut pointer la route du Sud quart Sud-Oüeft les 25
lieuës en la maniere que je vous viens de faire
connoître & trouver par quelle Latitude &
Longitude on eft arrivé.

Si on veut un Exemple fenfible de cela,
il ne faut que fuppofer être party du Cap de
Claire en Irlande, qui eft par 51 deg. de Latitude Nord, & que par la route du Nord on
foit arrivé au Cap Badajos en la Côte d'A-
frique qui eft par 27 deg. de Latitude auffi
Nord; de ce Cap on fingle au Oüeft 200
lieuës ou plus; n'eft-il pas vray qu'on doit
reduire les 200 lieuës finglées au Oüeft en
degrez de Longitude par la Latitude du Cap
Badajos 27 deg. fans aller rechercher la La-

K

Huitiéme Novembre. 1707.

titude du Cap de Claire 51 deg. pour servir
de moyen Paralelle pour la reduction de ces
200 lieuës avancées au Oüest ainsi que veulent beaucoup. Je crois qu'il n'y a pas un
homme de bon sens & qui ait les moindres
teintures de Navigation, qui ne convienne de
ce que j'avance ; Je dis donc & pose pour
une maxime generale, que lors qu'on a singlé
à plusieurs routes, & que dans ces mêmes
routes il s'y rencontre des lieuës au Nord,
Sud, Est ou Oüest ; je soûtiens, dis-je, qu'on
doit trouver la Latitude & Longitude à la
fin d'une route Oblique qui précede quelqu'unes de celles-cy ; j'en ay déja parlé en la
cinquiéme Proposition de cette seconde Partie,
mais je suis bien aise de le repeter icy tout
de nouveau, comme étant d'usage dans la
pratique, qu'aucun Pilote ne doit ignorer.

PROPOSITION XVII.

Neuviéme Novembre. 1707.

Depuis le midy du 9. *jusques à midy du* 10. _____
du courant nous avons singlé au **Sud** *quart* Long
Sud-Oüest *d'un bon vent de* **Nord-Est** *quart* 3 -
d'Est assés fort, & fait par estime . . . . 55 li
Lat.
Voicy comme on doit suposer la régle, & 37-
comme nous la proposons ordnairement dans Lat.
nos Academies de Navigation.   37.

O.

Neuviéme Novembre. 1707.

Je pars de 40 deg. 17 min. de Latitude Nord, & de 4 deg. 8 min. de Longitude, j'ay fait sur la route du Sud quart Sud-Oüest 55 lieuës. Je demande par quelle Latitude & Longitude je suis arrivé.

Pratique de cet Exemple par le Cercle ou Quartier de Proportion.

Pour resoudre cette Proposition & autres semblables, il faut agir comme nous avons enseigné dans la 7. & 8 *me*. Proposition de cette seconde Partie, c'est-à-dire qu'on doit premierement compter par les Arcs sur le Sud quart Sud - Oüest 55 lieuës faites en cette route, & là où ils finissent piquer une Aiguille ou épingle ; puis ensuite compter de bas en haut sur les Meridiennes, on trouvera 54 lieuës au Sud, ou 2 deg. 42 min. pour la difference en Latitude vers le Sud, ce qu'étant ôté de la Latitude partie 40 deg. 17 min. (à cause qu'on est party de Latitude Nord, & qu'on a été vers le Sud) restera 37 deg. 35 min. pour la Latitude arrivée, si on compte par les travers & Paralelle à la ligne A G, on trouvera 10 lieuës 3 quarts qu'on aura avancées au Oüest, ce qui s'apelle difference en Longitude, & ce qu'il faut reduire en deg. & min. de Longitude par le moyen Paralelle comme vous allés voir.

Neuvième Novembre 1707.

Ajoûtez 40 deg. 17 min. Latitude partie,
avec 37 deg. 35 minutes Latitude arrivée, le
tout fera 77 deg. 52 min. prenez la moitié
de ce nombre, il viendra 38 deg. 55 minutes
pour le moyen Paralelle ; cela fait.

Bandez le fil du Cercle ou Quartier de
Proportion sur le quart de Cercle G F, selon
le moyen Paralelle 38 degrez 56 min. commençant le compte au point G, comptez ensuite les 10 lieuës trois quarts faites à l'Oüest
sur la ligne A G (laquelle represente la Ligne
Equinoxiale, & partant un Est & Oüest) & là
où ces 10 lieuës trois quarts finissent sur cette ligne, élevés une ligne à plomb ou plûtôt
conduisez la Meridienne qui est Paralelle à
A F jusques à ce qu'elle aille couper le fil
bandé par la moyenne Latitude, & là attachés une Aiguille ou épingle ; ensuite comptés du Centre du Cercle ou Quartier de Proportion le long du fil ; & par les Arcs ; vous
trouverés 13 lieuës deux tiers majeures ou 41
min. d'un deg. pour la difference en Longitude vers l'Oüest, lesquelles il faut ôter de 3
deg. 54 minutes Longitude partie (à cause
qu'on a été vers l'Oüest) restera 3 deg. 13
min. pour la Longitude arrivée. Cecy se doit
mettre dans le Journal, comme vous le voyez
cy-devant.

Comme on a observé la Latitude le midy,

Neuviéme Novembre. 1707.

de ce jour, il faut la marquer au deſſous
de la Latitude eſtimée, & s'en ſervir dans les
régles qui ſuivent.

Il eſt neceſſaire de temps en temps, de
poſer le point où l'on eſt ſur la Carte, ſi on
n'aime mieux le faire tous les jours, afin de
voir s'il n'y a point de danger à encourir faiſant quelque route, ou bien pour ſçavoir à
quel rumb de vent on demeure du lieu où
l'on veut aller.

PROPOSITION XVIII.

Dixiéme Novembre 1707.

Depuis le midy du 10. juſques à midy de ——
l'onziéme dudit mois, nous avons ſinglé au Longit.
Sud quart de Sud Oüeſt, d'un bon vent de 2 - 28.
Nord-Eſt aſſez fort, & fait au vray . . . . .61 lie.

ffer.
Lat.
deg.

Faites en cette Propoſition comme il a été Lat.O.
dit en la troiſiéme & quatriéme Propoſition de 34-25.
cette ſeconde Partie, pour trouver le chemin
& la Longitude, ſuppoſant cette régle donnée communément dans les Ecoles de Marine en ces termes.

Je pars de 37 deg. 25 min. de Latitude
Nord & de 3 degrez 13 min. de Longitude,
j'ay ſinglé ou gouverné à la route du Sud
quart Sud Oüeſt juſques à la Latitude de 34

deg. 25 minutes auffi Nord. Je demande le chemin que j'ay fait & la Longitude où je fuis arrivé.

Pratique de cét Exemple par le Cercle ou Quartier de Proportion.

Pour refoudre cette Propofition, & autres femblables, il faut fouftraire les deux Latitudes l'une de l'autre, fçavoir 34 deg. 25 min, de 37 deg. 25 min. refte 3 deg. pour la difference en Latitude vers le Sud, comptés ces 3 deg. fur le Nord ou Sud du Quartier, ou fur le Sud du Cercle de Proportion, & conduifés le Paralelle par les travers jufques au Sud quart Sud-Oüeft, & attachez une Aiguille ou épingle en ce point, comptés du Centre du Cercle ou Quartier de Proportion fur les Arcs le long du rumb de vent, vous trouverés 61 lieuës pour le chemin du Navire, & par les travers vous connoîtrez avoir avancé 12 lieuës vers l'Oüeft, lefquelles il faut reduire en deg. de Longitude par le moyen Paralelle, comme il enfuit.

Ajoûtez 37 deg. 25 min. Latitude partie avec 34 degrez 25 min. Latitude arrivée, le tout fera 71 degré 50 minutes, dont la moitié fera 35 degrez 55 minutes pour le moyen Paralelle ; cela fait.

Bandés le fil du Cercle ou Quartier de Pro-

Dixiéme Novembre. 1707.

portion fnr 36 deg. 25 min. moyen Paralelle comptant du point G vers F, puis comptez les 12 lieuës de Longitude fur le côté que vous prenés pour Eft & Oüeft A G, & montés à plomb & Paralelle à la premiere Meridienne A F jufques au fil bandé, attachés une Aiguille ou épingle en cet endroit, & comptez du Centre le long du fil par les Arcs, vous trouverés 15 lieuës majeures ou 45 min. d'un deg. de Longitude pour la difference vers l'Oüeft, ce qu'étant ôté de la Longitude partie 3 degrez 23 min. à caufe qu'on a été vers l'Oüeft, reftera 2 deg. 28 min. pour la Longitude arrivée.

PROPOSITION XIX.

Onziéme Novembre. 1707.

Depuis le midy du 11. *jufques au lendemain* 8 *heures au matin du douziéme du même mois, nous avons finglé au Sud quart Sud-Oüeft du même vent que deffus, & alors nous avons vû la terre qui étoit au Sud quart Sud-Eft de nous environ* 10 *lieuës ; nous avons chaßé deffus afin d'en avoir une veritable connoißance, fi bien que par la Latitude la fituation de ladite terre & autres remarques, nous avons reconnû que c'étoit veritablement l'Ifle de Madere, de forte qu'à midy dudit*

Onzième Novembre. 1707.

jour nous étions au Nord de la pointe du Oüest de ladite Isle environ 4 lieües ; Ce point est par 32 deg. 27 min. de Latitude Nord , & par 30 min. de Longitude suivant la Carte réduite du Sieur du Bocage , dont nous nous servons dans ce Journal, ce lieu est celuy où un Pilote doit recommencer sa Navigation quittant ce qu'il a fait par le passé , car s'il a manqué dans son estime ou dans sa route , le tout se trouve corrigé en ce Point.

Partance de Maître.

Remarqués que je n'ay point répondu à cette Proposition, par le Cercle ou Quartier de Proportion non plus qu'en la huitiéme de cette seconde Partie à cause qu'on a vû la terre , d'autant que lors qu'on a connoissance d'une terre , il faut laisser tout ce qu'on a fait par le passé, considérant seulement à quel rumb de vent demeure cette terre & à quelle distance on en est , afin de recommencer en ce Point sa Navigation.

Il arrive assés souvent qu'un Pilote ne se trouve pas au lieu qu'il s'étoit proposé ; il ne faut pas qu'il s'en étonne , car cela vient de deux causes principales ausquelles il ne peut pas remedier, quelque soin & diligence qu'il puisse y apporter.

La premiére, est que difficilement un Navigateur sçait le chemin que son Navire a avancé.

La seconde,

La feconde & derniere, c'eſt qu'il eſt prefque impoſſible de ſçavoir le rumb de vent qu'on
a tenu, rien n'étant plus difficile à connoître
que le chemin qu'un Navire a fait, puiſqu'il
n'eſt connu que par l'eſtime qu'on en peut
faire ; comme on peut voir en la trente-hui tiéme Propoſition de cette ſeconde Partie. Le
rumb de vent ſur lequel on a été eſt fort douteux, puiſque la variation, les Marées, le mauvais gouvernement empêche qu'il ne ſoit vrai.

Quand on va à la bouline, la route aſſés
ſouvent n'eſt pas celle qu'on eſpere avoir te-
nuë, ſi bien que rien n'eſt plus ridicule que
d'entendre dire à un Pilote, je ſuis aſſurément
à un tel endroit, il faut neceſſairement qu'il
ne ſçache pas ſa profeſſion, car s'il étoit bien,
convaincu de la Pratique de la Navigation, il
ne parleroit jamais en ces termes, mais bien
pourroit-il dire, je ſuis à ce que j'eſpere à un tel
lieu, car ſi deux des parties de la Navigation.
ſont ſujettes à erreur, & qu'il faille cependant
s'en ſervir pour venir en connoiſſance de quelqu'autre ; le moyen, ie vous prie, d'avoir la te-
merité de prononcer, je ſuis par tant de degrez
de Latitude & Longitude & non ailleurs, je
puis aſſurer & tous les Navigateurs en con-
viendront avec moy, que ſans la Latitude aucun
Pilote ne pourroit conduire un Navire d'un lieu
à un autre, j'entens aux voyages de long-cours,

L

Onziéme Novembre 1707.

Puisque nous sommes à la vûë de l'Isle de Madere, il est bien juste d'enseigner aux jeunes Navigateurs comment ils se doivent comporter afin d'aprendre d'eux-mêmes à connoître les terres, & c'est ce que je vai faire incessament.

Auparavant que de porter aucun jugement assuré de la terre qu'on voit, il faut premierement considerer par quelle Latitude on est, le rumb de vent où demeure ladite terre, comment elle est établie, & les terres, roches, bancs & écüeils qu'on devroit voir, étant au lieu où l'on s'estime.

Je m'explique, & je dis que si un Pilote ou Navigateur étoit à l'Est de Porto-santo, ou Porte-sainte, si dis-je, il en faisoit Madere, il connoîtroit bien qu'aprochant de ladite Isle & voyant encore à l'Oüest de luy une terre qu'il se feroit trompé, & que la derniere feroit plûtôt Madere, à raison qu'à l'Oüest de cette Isle il n'y a pas de terre si proche.

Tout Pilote ou Navigateur doit bien considerer de quelle maniere une terre paroît quand il est à quelque rumb de vent & éloignement, ou bien le rumb de vent où la terre demeure de luy & à combien de lieuës, afin de poser cela dans son Journal pour s'en instruire un autre voyage, ou pour en donner la connoissan-

ce à ceux qui n'ont pas été en cét endroit, voici comme on doit pofer les terres reconuës dans
fon Journal, ce qui n'eft qu'une fupofition.

Ainfi paroît l'Ifle de Madere quand on la
voit au Sud Oüeft quart Sud environ 10 *l euës.*

Il ne faut pas s'étonner que quand on croit
aller aborder une terre par une route oblique,
fi quelquefois on la manque, comme vous pouvés remarquer en cette derniere route, cela
vient de ce que la Longitude ne nous eft pas
connuë, c'eft ce qui oblige les Pilotes de prendre leurs mefures en faifant un bord bon, c'eft
à-dire qu'ils fe doivent mettre à l'Eft ou à
l'Oüeft d'une terre avant que d'aller l'aborder;
par exemple, on fçait que pour aller d'un lieu
à un autre, il faut faire fur la route du Nord-
Oüeft 10 9 lieuës, je dis qu'un Pilote ne doit
pas mettre le Cap au Nord-Oüeft, mais plûtôt au Nord-Oüeft quart de Nord, afin de demeurer à l'Eft de la terre qu'il veut aller querir, & aprés gouverner au Oüeft, il ne le man-

quera jamais, ou bien, fi d'abord il gouverne
au Nord-Oüeft quart d'Oüeft, il fe mettra à
l'Oüeft de la terre où il veut aller, & aprés il
faut qu'il gouverne à l'Eft pour trouver la terre
où il prétend aller.

J'ay dit cy devant qu'il falloit recommencer
fa Navigation au point de 32 deg. 27 min. de
Latitude Nord, & de 30 min. de Longitude,
où l'on étoit le midy du douziéme Novembre,
laiffant tout ce qu'on a fait depuis le dernier
ou la derniere terre qu'on a vûë, car tout ce,
à quoy on avoit manqué par le paffé, fe trouve
corrigé en ce point, c'eft pourquoy il faut voir
fur la Carte Reduite, la route & le chemin
qu'il faut faire pour aller de Madere à la Martinique, nous trouverons par une regle femblable à celle de la Page 9 de ce Livre, que
le rumb de vent fera l'Oüeft Sud-Oüeft 3 deg.
plus Sud fur lequel il faut faire 858 lieuës.

Quoy que je fçache par expérience qu'entre Madere & la Martinique, les vents font
toûjours du côté de l'Eft, & qu'il n'y a qu'une
feule route à faire, à peu prés comme on vient
d'entendre; cependant, on me permetra de
fupofer, quelquefois le vent d'autre côté, &
même de changer la route, afin de faire voir
l'aplication du refte des Propofitions qui fe
font d'ordinaire fur le Cercle ou Quartier de
Proportion.

Onziéme Novembre 1707.

Par les remarques que je fais fur chaque Propofition & à la fin de toûs les Exemples, on voit bien que ce Livre n'eft pas feulement fait pour enfeigner la fçience de la Navigation par fimple fpéculation, mais bien plûtôt pour faire connoître la vraye pratique de la Marine, en enfeignant aux Navigateurs ce qu'ils font obligez de fçavoir avant que d'entreprendre la conduite d'un Navire pour les Voyages de long cours.

PROPOSITION XX.

Douziéme Novembre. 1707.

Depuis le midy du douziéme jufques à midy du treiziéme dudit mois, nous avons finglé au Oüeft Sud-Oüeft d'un bon vent de N. E. affez fort, & fait par eftime 65 lieuës, mais fuivant la deuxiéme correction, j'aurois fait fur la route corrigée, qui eft le O. S. O. 2 deg. 45 min. plus Oüeft 64 lieuës corrigées.......

Lat. 16.

Longit. 356.59

64 lie.]

Lat. 0
31.2 I

Voicy la Propofition comme elle fe donne d'ordinaire dans nos Academies Royales de la Navigation.

Je pars de 32 deg. 27 min. de Latitude Nord, & de 30 min. de Longitude, j'ay fait par eftime au Oüeft Sud-Oüeft 65 lieuës, & par ma hauteur j'ay trouvé être arrivé par 31

deg. 21 min. de Latitude auffi Nord. Je demande le rumb de vent corrigé, le chemin
corrigé, & la Longitude où je fuis arrivé.

Pratique de cét Exemple par le Cercle ou
Quartier de Proportion.

Pour refoudre cette Propofition & autres
femblables, il faut compter fur l'Oüeft Sud-
Oüeft 65 lieuës, & piquer une Aiguille en ce
point, puis compter par les travers Paralelle à
la ligne A G, on trouvera 60 lieuës qu'on aura
avancées au Oüeft, lefquelles il faudra retenir.

Enfuite il faut ôter les 2 Latitudes l'une de
l'autre, pour en avoir la difference, fçavoir 31
deg. 21 min. Latitude arrivée, de 32 deg. 27
min. Latitude partie, reftera 1 deg. 6 min.
pour la difference en Latitude vers le Sud;
cela fait, il faut compter 1 deg. 6 min. fur
le Nord & Sud du Cercle ou Quartier de Proportion, & au bout de ce nombre compter
par les travers 60 lieuës faites à l'Oüeft, piquer une Aiguille ou épingle à la fin de ces
lieuës, puis bander le fil du Centre du Cercle
ou Quartier de Proportion; par cette Aiguille,
on trouvera que le rumb de vent corrigé fera
l'Oüeft Sud-Oüeft 2 deg. 45 min. plus Oüeft,
& fi vous comptés du Centre par les Arcs le
long du fil, vous trouverés 64 lieuës pour le
chemin corrigé.

Douzième Novembre. 1707.

Les 60 lieuës à l'Oüeſt ſeront reduites en degrez & minutes de Longitude, ſelon la moyenne Latitude en cette ſorte.

Ajoûtés 32 degrez 27 minutes Latitude partie, avec 31 degré 21 minute Latitude arrivée, la ſomme ſera 63 degrez 48 minutes, dont la moitié eſt 31 degré 54 minutes pour la moyenne Latitude ou le moyen Paralelle.

Bandés le fil du Cercle ou Quartier de Proportion par la Latitude de 31 degré 54 minutes, moyenne Latitude ou moyen Paralelle ſur le quart de Cercle GF, commençant le compte au point G, & comptés enſuite les 60 lieuës avancées au Oüeſt ſur la ligne AG, & conduiſés la Meridiene qui termine les lieuës de bas en haut, juſques à ce qu'elle coupe le fil bandé par la moyenne Latitude, & là, piqués une aiguille ou épingle; & enfin comptés par les Arcs le long du fil, vous trouverés 70 lieuës un tiers majeures, leſquelles valent 3 degrez 31 minutes par la difference en Longitude vers l'Oüeſt, ce qui faut ôter de la Longitude partie 30 minutes, ce qui ne ſe peut, c'eſt pourquoy il faut ajoûter 30 minutes avec 360 degrez, afin de prolonger le tour du Cercle, il viendra 360 degrez 30 minutes, ôtés de ce nombre 3 degrez 31 minutes, reſtera 356 degrez 59 minutes pour la Longitude arrivée.

Les autres Exemples de cette efpéce, fe

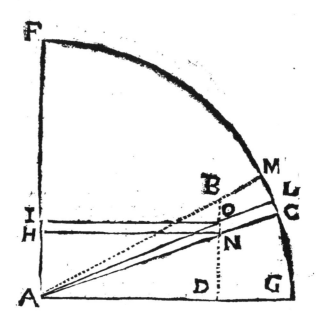

doivent refoudre de la même maniere qu'il vient d'être expliqué.

PRATIQUE.

A Latitude partie du côté du Nord. - - - - 32 - 27.
H Latitude arrivée du côté du Nord - - - 31 - 21.

A H Difference en Latitude vers le Sud - - - 1 - 06.

A O Lieuës en route eftimées - - - - - - - - 65 lie.
I O Lieuës de longitude eftimées - - - - - 60 lie.
qui valent par le moyen Paralelle 3 degrez 31 minutes.

AN

A N	Lieuës corrigées en route - - - - - -	64 lie.
F C	Rumb de vent corrigé qui eſt l'Oüeſt Sud-Oüeſt 2 deg. 45 min. plus Oüeſt.	

A	Longitude partie - - - - - - - - - - - -	30.
	Il faut ajoûter - - - - - - - - - - - - -	360

	Leurs ſommes - - - - - - - - - - - - - -	360 - 30.
A B	Difference en Longit. vers l'Oüeſt - - - -	3 - 31.

	Longitude arrivée - - - - - - - - - - - -	356 - 59.

Des Corrections.

Il faut ſçavoir que la raiſon pour laquelle on a inventé les corrections, n'a été qu'à cauſe qu'on ne peut pas meſurer le chemin qu'on fait ſur la mer, lequel n'eſt trouvé que par le jugement qu'un Pilote fait par ſon eſtime de l'avance d'un Navire, ſi bien que n'y ayant rien de certain ſur une choſe qui n'eſt que par ſupoſition, il ne faut pas s'étonner, ſi les corections ſont tant en uſages dans la Pratique de la Navigation. Je vous diray pourtant, en paſſant, ce que je penſe de la premiere & de la troiſiéme.

La premiere correction ſe pratique lorſqu'on a été entre le Nord Nord-Eſt & Nord Nord-Oüeſt, ou entre le Sud Sud-Eſt & Sud Sud-Oüeſt, dans laquelle correction on ſe tient au rumb de vent qu'on a tenu, corigeant ſeule-

M

ment le chemin & la Longitude, ce que vous
verrés cy-aprés.

La feconde corection fe doit mettre en ufage, lorfqu'on Navige entre l'Eft Nord-Eft &
l'Eft Sud-Eft, ou entre l'Oüeft Sud-Oüeft &
l'Oüeft Nord-Oüeft, en celle-cy on corige le
rumb de vent & le chemin, & non la Longitude; c'eft-à-dire, que les lieuës avancées en
Longitude, viennent de celles qu'on a finglées
fur le rumb de vent, & partant fans aucune
correction.

La troifiéme & derniere correction, fe doit
pratiquer lorfqu'on a été entre le Nord Nord-
Eft, & l'Eft Nord-Eft entre le Sud Sud-Oüeft
& l'Oüeft Sud-Oüeft, ou entre le Nord Nord-
Oüeft & l'Oüeft Nord-Oüeft, ou entre le Sud
Sud-Eft & l'Eft Sud-Eft : Et comme ces rumbs
de vent font entre la premiere & la feconde
corection, auffi corige t'on ce qu'on fait dans
ces deux autres, fçavoir le rumb de vent, le
chemin & la Longitude.

Je dis premierement, que je ne fçai fi on
doit apeller premiere correction, celle qu'on
pratique lorfqu'on va entre les deux premiers
rumbs de vent, puifque les lieuës eftimées ne
font d'aucun fervice; car comme vous verrés
dans la fuite, on fe fert feulement de la différence en Latitude, afin de trouver le chemin
fait en route, & les lieuës avancées en Lon-

gitude , & partant cette premiere corection
eft tout à fait femblable à la troifiéme & quatriéme Propofition de cette feconde Partie,
par le moyen de laquelle ayant la differençe
en Latitude connuë, & le rumb de vent fur
lequel on a été, on trouve le chemin que le
Navire a fait, & la Longitude où on eft arivé, fi bien qu'avec bien de la juftice, on pouroit nommer cette Propofition premiere corection ; car foit qu'on aye eftimé le chemin
du Navire ou non, cela eft égal, puifqu'il ne
fert d'aucune chofe.

Pour la troifiéme corection on ne peut pas
tout à fait la condamner, car comme on fe
fert en partie des lieuës eftimées, & en partie des degrez de la différence en Latitude afin
d'avoir des lieuës de Longitude corigées, &
qu'ainfi on donne quelque chofe à la différence en Latitude, & aux lieuës eftimées, afin
de trouver le rumb de vent corrigé , & les
lieuës en diftance corigées ; cependant, j'ay
encore ma premiere raifon à produire, fçavoir fi la troifiéme & quatriéme Propofition de
cette feconde Partie, & laquelle fe trouve dans
tous les Auteurs qui ont écrit de la Navigation, foit anciens ou modernes ; fçavoir, dis-
je, fi cette Propofition fe peut mettre en pratique ou non ; fi elle eft bonne à éxécuter en
mer, la troifiéme corection eft inutile, car

pour exemple de cecy, je supose être party
de 20 degrez de Latitude Nord, & avoir été
sur la route du Nord-Est, jusques à la Latitude de 22 degrez aussi Nord; je dis que suivant un Exemple semblable à la 3. & 4. Proposition de cette seconde Partie, je dois avoir
fait 56 lieuës & demie en cette route, &
avoir avancé 40 lieuës à l'Est, & partant les
lieuës que j'aurois estimées, ne me serviroient
encore de rien.

Que si vous demeurés d'acord que la premiere & troisiéme corection se doivent pratiquer en mer, il faut aussi que vous conveniés
avec moy, que la troisiéme & quatriéme Proposition de cette seconde Partie est sans aucun
fondement; c'est pourtant celle qu'on ensei-
gne dans toutes les Ecoles de Marine, & aussi celles que les Pilotes pratiquent le plus souvent dans les voyages de l'Amerique, & ailleurs, car ayant la difference en Latitude d'un
jour à l'autre, & étant assurés du rumb de vent
sur lequel ils ont été, ils trouvent le chemin
que leur Navire a fait, & la Longitude où ils
sont arrivés.

Je pourois dire la même chose de la seconde
corection comme je viens de faire dans les
deux autres, mais comme il n'y a si bon Hau-
turien qui puisse cautionner sa Latitude à 8
ou 10 min. prés, il s'ensuivroit de-là, qu'ayant

Douziéme Novembre 1707.

été sur la route de l'Est quart Nord-Est, &
ayant seulement manqué de 8 ou 10 minutes dans la Latitude ; on trouveroit 18 ou 20
lieuës plus ou moins en route sur une distance
de 100 lieuës, ce qui est une erreur trop considerable pour être pratiquée par un Pilote,
pour peu qu'il aye d'expérience dans la Pratique de la Navigation.

Lorsque la Latitude observée est douteuse,
soit qu'on n'aye pas vû baisser le Soleil à cause
des nuages qui le cachent lorsqu'il est fort prés
du Meridien, ou bien que l'Horison ne soit pas
assés fin & dégagé, je crois qu'il ne seroit pas
mauvais de se fonder partie sur son estime, &
partie sur sa hauteur, c'est-à-dire, pratiquer les
corections ; ou bien, lorsqu'on a couru à plusieurs routes d'un midy à l'autre, ou bien même quand on a été quelques jours sur plusieurs
routes sans avoir recouvert la Latitude.

Pour conclusion je diray en deux mots, ou
qu'il se faut coriger toûjours quand on a une
trés-bonne Latitude, ou qu'il n'en faut rien
faire, car s'il est vray qu'on peut trouver au
vray, le chemin qu'un Navire a fait par le
moyen de la difference en Latitude ayant couru sur quelqu'un des rumbs de vent, il est vray
aussi de dire que les corrections ne sont de
nulle importance à sçavoir dans la Pratique de
la Navigation.

Douziéme Novembre. 1707.

Mais auſſi au contraire, ſi on ſe doit coriger toûjours, on ne doit point enſeigner dans
les Ecoles de la Navigation, la troiſiéme & quatriéme Propoſition de cette ſeconde Partie, ni
en poſer de ſemblables dans aucuns Livres ſervant à la Marine, mon ſentiment eſt de trouver le chemin au vray qu'un Navire a fait,
par la difference en Latitude, ayant été ſur
quelque rumb de vent, & de pratiquer quelquefois la deuxiéme correction par la raiſon
que j'ay avancée, mais comme tous les eſprits
ne ſont pas de même ſentiment, ceux qui croi-
ront ces corrections abſolument neceſſaires à
ſçavoir, & à mettre en pratique dans la Navigation pouront les aprendre, ou du moins
s'en rafraîchir la memoire parce qui en ſera
enſeigné cy - aprés.

PROPOSITION XXI.

Treiziéme Novembre. 17**07**.

O.S.O.
20. lie.

O.q. S. *Depuis le midy du treiziéme juſques à midy*
O.15 l. *du quatorziéme dudit mois, nous avons couru*
O.20 l. *ſur pluſieurs routes, leſquelles valent toutes*
en une (ſuivant la deuxiéme corection) l'Oüeſt Longi
quart Sud-Oüeſt un deg. 15 mi. plus Oüeſt, ſur la 353.5
quelle nous aurions fait du même vent que deſſus. 54 li

Differ.
en Lat. Voici la Propoſition comme elle ſe done pour Lat.
30 mi. l'ordinaire dans les Ecoles de Navigation. 30. 51

Treiziéme Novembre. 1707.

Je fupofe partir de 31 degré 21 minute de
Latitude Nord, & de 356 degrez 59 minutes de Longitude, j'ay fait par eftime au Oüeft
Sud-Oüeft 20 lieuës, plus au Oüeft quart Sud-
Oüeft 15 lieuës, plus au Oüeft 20 lieuës, &
par ma hauteur j'ay trouvé être arrivé par 30
deg. 51 min. de Latitude auffi Nord : Je demande le chemin corigé fur le tout, le rumb
de vent corigé en ligne droite, & la Longitude où je fuis arrivé.

Pratique de cét Exemple par le Cercle ou
Quartier de Proportion.

Pour refoudre cette Propofition & autres
femblables, il faut en premier lieu pointer
fur l'Oüeft Sud-Oüeft 20 lieuës, on trouvera
7 lieuës & demie au Sud, & 18 lieuës & demie au Oüeft ; enfuite faut pointer 15 licuës fur
l'Oüeft quart Sud - Oüeft, on trouvera avoir
avancé 3 lieuës au Sud, & 14 lieuës & demie
au Oüeft : Enfin, les 20 lieuës au Oüeft étant
jointes avec 14 lieuës & demie de 18, font
enfemble 53 lieuës à l'Oüeft, aprés il faut
prendre les 30 minutes de la différence en Latitude, & les compter fur le Nord ou Sud du
Cercle ou Quartier de Proportion, & compter
enfuite par les travers & Paralelle à la ligne AG,
les 53 lieuës au Oüeft, & là où ils finiffent

piquer une aiguille ou épingle, & bander le
fil en cét endroit; puis compter par les Arcs le
long du fil, on trouvera avoir fait 54 lieuës
corigées, & le fil ainsi bandé, montrera que
le rumb de vent corigé, sera le Oüest quart
Sud Oüest, prenant 1 degré 15 minutes plus
Oüest.

Les 53 lieuës avancées au Oüest seront reduites en deg. & minutes de Longitude comme il ensuit.

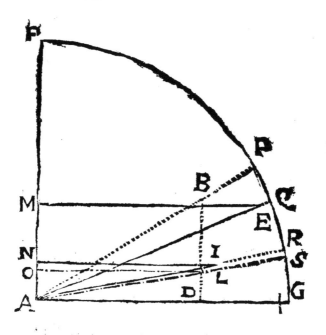

Ajoûtés 31 degré 21 minute Latitude partie,
avec 30 degrez 51 minutes Latitude arrivée,
la somme

la fomme fera 62 degrez 11 minutes, dont
la moitié fera 31 degré 6 minutes pour le
moyen Paralelle.

Bandés le fil du Cercle ou Quartier de Proportion, par la Latitude de 32 degrez 6 minutes, moyen Paralelle fur le quart de Cercle
F G, commençant le compte au point G,
comptés enfuite les 53 lieuës avancées au Oüeft
fur la ligne A G, & conduifés la Meridienne
qui termine ces mêmes lieuës de bas en haut,
jufques à ce qu'elle coupe le fil bandé par le
moyen Paralelle ; & là, piqués une petite aiguille ou épingle, & enfin comptés par les
Arcs le long du fil bandé, vous trouverés 62
lieuës majeures, valant 3 degrez 6 minutes
pour la difference en Longitude vers l'Oüeft,
ce qu'il faut ôter de la Longitude partie 356
degrez 59 minutes, refte 353 degrez 53 minutes pour la Longitude arrivée, laquelle doit
être pofée à côté comme vous la voyés avec
la Latitude obfervée & le chemin corrigé.

Les autres Exemples de cette efpéce fe doivent refoudre de la même maniere.

N

JOURNAL
Treiziéme Novembre. 1707.

PRATIQVE.

Rumbs de vent.	Lieuës	N.	Sud.	Eſt.	Oüeſt.
O. S. O. - - - -	20	· ·	7 · 5	· ·	18 · 5
O. quart S. O - -	15	· ·	3 ·	· ·	14 · 5
Oüeſt. - - - - -	20	· ·	· ·	· ·	20
		· ·	10 · 5	· ·	53

Lieuës plus Sud. 10 lieuës & demie.

Lieues plus Oüeſt.   53 lieu·

A Lat· partie du côté du Nord - - - 31 deg. 21 min.
O Lat· arrivée du côté du Nord - - 30 deg. 51 min.

A O Differ. en Lat. vers le Sud. - - - - - 30 min.

N I Lieuës de Longitude ſelon l'eſtime - - - 53 lie.
qui valent par le moyen Paralelle 3 deg. 6 min.
pour la difference en Longitude vers l'Oüeſt.
A Longitude partie - - - - - - - - 356 deg. 59 min.
A B Differ. en Longitude - - - - - 3 deg. 6 min.

B Longitude arrivée - - - - - - - 353 deg. 53 min.

F S· Rumb de vent corrigé ſur le tout qui eſt l'Oüeſt
quart Sud Oüeſt, prenant un deg. 15 m. vers l'Oüeſt.
A L le chemin corrigé en ligne droite.   54 lieuës.

Si j'ay pointé les 20 lieuës à l'Oüeſt avec
les autres routes obliques contre mon ordinaire, il ne faut pas s'en étonner, ça été parce-
que la difference en Latitude eſt ſi peu de

Treiziéme Novembre. 1707.

chofe qu'elle ne merite pas la peine d'en faire une regle à part, ne produifant aucune chofe en Longitude non plus d'une maniere que de l'autre, c'eft par-là que j'ay bien voulu vous enfeigner comme il faut que la prudence & le bon fens gouverne un Pilote.

Ceux qui pratiquent les corections font avertis, que lorfqu'ils ont obfervé leurs Latitudes deux jours de fuite qu'ils doivent pratiquer quelqu'unes des 3 corections, & s'ils n'ont pas la Latitude obfervée deux jours durant, ils fe conformeront à quelqu'unes des Propofitions qui précédent, ou de celles qui fuivent.

PROPOSITION XXII.

Quatorziéme Novembre. 1707.

Depuis le midy du quatorziéme jufques à midy du quinziéme dudit mois, nous avons couru au Sud-Oüeft quart d'Oüeft, d'un gros vent de N. E. & fait par eftime 67 lieuës, mais fuivant la troifiéme corection, nous aurons fait 74 lieuës fur le S. O. quart d'Oüeft prenant 2 degrez 15 minutes plus Sud. . . . . 74. *lie.*

Longit. 350 d. 23 m.

Voici la Propofition comme on propofe PExemple dans les Ecoles de Navigation.

Je pars de 30 deg. 51 min. de Latitude Nord

Lat. 0. 28 39.

N ij

Quatorziéme Novembre. 1707.

& de 353 deg. 53 min. de Longitude , j'ay
fait par eftime au Sud-Oüeft quart d'Oüeft 67
lieuës , mais prenant hauteur j'ay trouvé être
arrivé par 28 deg. 39 min. de Latitude auffi
Nord : Je demande le chemin , le rumb de
vent , & la Longitude corigée.

Pratique de cét Exemple par le Cercle ou
Quartier de Proportion.

Pour refoudre cette Propofition & autres femblables , il faut premierement pointer les 67
lieuës par les Arcs fur le Sud · Oüeft quart
d'Oüeft , & attacher là une aiguille , puis
compter par les travers & Paralelle à la ligne
A G , on trouvera 55 lieuës 3 quarts , qu'on
apellera lieuës de Longitude eftimées.

Faut enfuite fouftraire les deux Latitudes
l'une de l'autre , puifqu'elles font toutes deux
d'un même côté , felon la I maxime de la Propofition XLI de ce Livre ; fçavoir 28 deg. 39
min. de 30 deg. 51 min. refte 2 deg. 12 min.
de difference ; il faut donc compter fur le Nord
ou Sud du Cercle ou Quartier de Proportion,
& conduire la Paralelle jufques au Sud Oüeft
quart d'Oüeft , & là piquer une aiguille , &
compter par les travers & Paralelle à la ligne
A G , on trouvera 66 lieuës au Oüeft qu'on
apellera lieuës de Longitude , fuivant la hau-

Quatorziéme Novembre. 1707.
teur, ou plûtôt selon la Latitude.

Cela fait, il faut ajoûter les lieuës de Longitude selon l'estime 55 lieuës trois quarts, avec les lieuës de Longitude selon la difference en Latitude 66 lieuës, leurs sommes sera 111 lieuës trois quarts, dont il faut prendre la moitié qui est 60 lieuës trois quarts, qui seront les lieuës de Longitude corigées.

A present pour trouver le rumb de vent & la distance corigée, il faut compter les 2 deg. 12 min. de difference en Latitude sur le côté du Cercle ou Quartier de Proportion qui est pris pour Nord & Sud, & ensuite compter les 60 lieuës trois quarts par les travers & Paralelle à la ligne A G, & là où ils finiront attacher une aiguille ou épingle, puis bander le fil par cette aiguille, on trouvera que le rumb de vent corigé sera un Sud-Oüest quart d'Oüest 2 degrez 15 minutes plus Sud, si on compte par les Arcs le long du fil, on remarquera que le chemin corigé sera de 74 lieuës.

Enfin, pour achever cette régle, il faut reduire les 60 lieuës de Longitude corigées, 60 lieuës un peu plus de trois quarts, en degrez & minutes de Longitude par le moyen Paralelle comme il ensuit.

Ajoûtés 30 deg. 51 min. Latitude partie, avec 28 deg. 39 min. Latitude arrivée, le tout sera 59 deg. 30 min. dont la moitié

Quatorziéme Novembre. 1707.

eſt 29 deg. 45 min. pour le moyen Paralelle,

Bandés le fil du Cercle ou Quartier de Proportion, par la Latitude de 29 deg. 45 min.
moyen Paralelle ſur le quart de Cercle FG, commençant le compte au point G, comptés enſuite
les lieuës avancées au Oüeſt, 60 lieuës trois

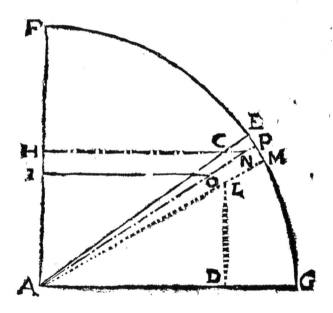

quarts ſur la ligne A G, & conduiſés la Meridiene qui termine ces mêmes lieuës de bas
en haut, juſques à ce qu'elle aille couper le
fil bandé comme deſſus, & là piqués une aiguille, & enfin comptés du Centre par les

Quatorziéme Novembre. 1707.

Arcs le long du fil, vous trouverés 70 lieuës majeures, valant 3 degrez 30 minu. pour la valeur des 60 lieuës trois quarts à l'Oüest, & pour la difference en Longitude, lesquels étant ôtés de la Longitude partie 353 deg. 53 min. restera 350 deg. 23 min. pour la Longitude arrivée, & ainsi des autres Exemples de cette espéce.

PRATIQUE.

A Latitude partie du côté du Nord. - - - - 30 - 51.
H Latitude arrivée du côté du Nord - - - 28 - 39.

A H Difference en Latitude vers le Sud - - - 2 - 12.

Lieuës de Long. selon l'estime - - - 55 lie. 3 quarts.
Lieuës de Long. selon la hauteur - - 66 lie.

Leurs sommes - - - - - - - - - - 121 3 quarts.
Lieuës de Longit. corigées - - - - 60 3 quarts.

Moyen Paralelle F M est de 29 deg. 45 min. selon lequel les 60 lieuës 3 quarts faites à l'Oüest, valent 3 deg. 30 min. de Longitude, ce qui s'apelle difference en Longitude vers l'Oüest.

A Longitude partie - - - - - - - - - - 353 - 53.
A L Difference en Longit. vers l'Oüest - - - 3 - 30.

L Longitude arrivée - - - - - - - 1 - - - 350 - 23.

F E Le rumb de vent corigé est le Sud-Oüest quart d'Oüest, prenant 2 deg. 15 min. vers le Sud.

A C le chemin corigé est de 74 lieuës.

PROPOSITION XXIII.

Quinziéme Novembre. 1707.

S. O.
15 *lie.*

S. O q.   *Depuis le midy du quinziéme jusques à mi-*
S. 10 l.   *dy du seizieme dudit mois, nous avons singlé*
S. O q.   *sur plusieurs routes, lesquelles valent toutes en*
O. 34 l   *une le Sud-Oüest. quart d'Oüest, 3 degrés plus*
                Oüest, sur laquelle route & d'un vent de Sud-
Diffe.   *Est assés fort, en se servant de la troisième*
en Lat.   *corection, nous avons fait au vray* . . . . 50 li
1 - 30.

Long.
348

Lat.
27-

Proposition comme elle se donne dans les
Ecoles de la Navigation.

On part de 28 deg. 39 min. de Latitude
Nord, & de 350 deg. 23 min. de Longitu-
de, on a fait par estime sur la route du Sud-
Oüest 15 lieües.

Plus au Sud-Oüest quart Sud 10 lieües.

Plus au Sud-Oüest quart d'Oüest 34 lieües,

Mais prenant hauteur, on s'est trouvé par
la Latitude de 26 deg. 59 min. aussi Nord :
On demande le chemin corigé en ligne droite,
le rumb de vent corigé sur le tout, & la Longitude corigée & arrivée.

Pratique de cét Exemple par le Cercle
ou Quartier de Proportion.

Pour resoudre cette Proposition, & autres
semblables,

femblables , il faut en premier lieu pointer fur la
route du Sud Oüeft 15 lieuës, on trouvera avoir
avancé au Sud 10 lieuës deux tiers, & à l'Oüeft
10 lieuës deux tiers, ce qui faut mettre à part.

En fecond lieu , faut pointer 10 lieuës au
Sud-Oüeft quart Sud , lefquelles donneront de
bas en haut 8 lieuës un tiers au Sud , & par
les travers on remarquera 5 lieuës & demie à
l'Oüeft.

Et enfin , comptant par les Arcs le long du
Sud-Oüeft quart d'Oüeft 34 lieuës qu'on a
faites fur ce rumb de vent , on trouvera avoir
élevé au Sud 19 lieuës , & au Oüeft 28 lieuës
& demie.

Cela fait , ajoûtés 10 lieuës deux tiers au
Sud de la premiere route , 8 lieuës un tiers de
la feconde , & 19 lieuës de la troifiéme , le
tout donnera 38 lieuës avancées au Sud.

Ajoûtés auffi 10 lieuës deux tiers au Oüeft
de la premiere, 5 lieuës & demie de la feconde, & 28 lieuës & demie de la troifiéme,
le tout produira 44 lieuës deux tiers au Oüeft,
ce qui s'appelle lieuës de Longitude felon
l'eftime.

Comptés les 38 lieuës au Sud fur le côté
du Nord & Sud du Cercle ou Quartier de
Proportion, & là où ils achevent comptés par
les travers les 44 lieuës deux tiers de l'Oüeft,
& là où ils acheveront, piqués une aiguille &

bandés le fil par ce point, ce fera le rumb de vent eftimé.

Le fil étant bandé felon le rumb de vent eftimé, comptés un degré 30 minutes de difference en Latitude fur le côté du Nord ou Sud du Cercle ou Quartier de Proportion, &. conduifés le Paralelle qui termine ce degré 30 min. jufques au fil bandé felon le rumb de vent eftimé, & attachés une aiguille & comptés par les travers, vous trouverés 35 lieuës un tiers pour la difference en Longitude, felon la hauteur ou plûtôt felon la Latitude; enfiute ajoûtés les 44 lieuës deux tiers de Longitude felon l'eftime, avec 35 lieuës un tiers felon la Latitude, le tout donnera 80, dont la moitié 40, fera les lieuës de Longitude corigées.

Pour trouver le rumb de vent. & le chemin corigé, il faut compter dérechef un degré 30 min. de difference en Latitude, fur le côté qu'on prend pour Nord ou Sud du Cercle ou Quartier de Proportion, & où cela finit, compter par les travers Paralelle à la ligne A G, les 40 lieuës de Longitude corigées, & là où ils finiront, piquer une aiguille, & bandér le fil par cét endroit; puis compter par les Arcs le long du fil, on trouvera avoir fait 50 lieuës corigées, & regardant le rumb de vent on reconoîtra avoir tenu la route de Sud-Oüeft quart d'Oüeft trois degrez plus Sud, qui fera le

Quinziéme Novembre 1707.

rumb de vent corigé en ligne droite.

Refte à prefent pour achever cette Propofition à reduire les 40 lieuës avancées au Oüeft
en deg. & min. par le moyen Paralelle, ce
qui ce fera en cette forte.

Ajoûtés 28 deg. 39 min. Latitude partie,
avec 26 deg. 59 min. Latitude arrivée, le tout

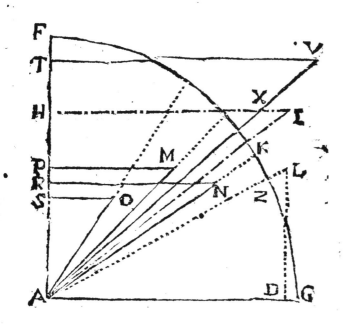

donnera 55 deg. 28 min. dont la moitié fera
27 deg. 44 min. pour le moyen Paralelle.

Bandés le fil du Cercle ou Quartier de Proportion par la Latitude de 27 deg. 44 min.

moyenne Paralelle fur le quart de Cercle F G,
comptant du point G, comptés enfuite les 40
lieuës au Oüeft fur la ligne A G, & conduifés
la Meridienne qui termine ces mêmes lieuës
de bas en haut, jufques à ce qu'elle coupe le
fil bandé par le moyen Paralelle, & là piqués
une aiguille ou épingle, & enfin comptés par
les Arcs le long du fil, vous trouverés 45 lieuës
majeures, valant 2 deg. 15 min. ce qui s'a-
pelle difference en Longitude, ce qui faut en
même tems ôter de 350 deg. 23 min. Longitude partie, felon la VI Maxime de la Propofition XLI de ce Livre, reftera 348 deg 8
min. pour la Longitude arrivée, & ainfi des
autres Exemples de cette efpéce.

PRATIQVE.

Rumbs de vent.	Lieuës.	N.	Sud.	Eft.	Oüeft.
Sud Oüeft .	15	. .	10·6·	. .	10 6
S. O. quart S.	10	. .	8·4·	. .	5·5
S. O. quart O.	34	. .	19 ..	. .	28 5
		. .	38 ..	. .	44 6.

Lieuës plus Sud - - - - - - - 38 lieuës.

Lieuës plus Oüeft - - - - - - 44 lieuës   6 di-
ziémes, ou 44 lieuës deux tiers.

A Latitude partie du côté du Nord - - - - - 28·39.
H Latitude arrivée du côté du Nord - - - - 27·9.

Quinziéme Novembre. 1707.

A H Differ. en Latit. vers le Sud - - - - - 1 - 30.

A I Lieuës de Long. selon l'estime - - 44 lie. 2 tiers.
A B Lieuës de Long. selon la hauteur 55 lie. 1 tiers.

Leurs sommes - - - - - - - - - - - 80
La moitié, lieuës de Long. corigées 40 lieuës.

Le moyen Paralelle est de 27 deg. 44 min. selon laquelle les 40 lieuës de Long. corigées, valent 2 deg. 15 min en Longitude pour la difference vers l'Oüest.

Longitude partie - - - - - - - - - - 350 - 23.
Differ. en Longitude vers l'Oüest - - - - - 2 - 15.

Longitude arrivée & corigée - - - - - - 348 - 08.

F K Le rumb de vent corigé sur le tout, est le Sud-Oüest quart d'Oüest, prenant 3 deg. vers l'Oüest.

A I Le chemin corigé en ligne droite est de 50 lieuës.

Si vous supofés être party d'une autre Latitude & Longitude, & que vous ayés couru fur d'autres rumbs de vent, il ne faut que les réduire fous les 4. principaux, en ôtant les lieuës du Nord, de celles du Sud, ou au contraire, restera des lieuës plus Nord ou plus Sud, puis ôtant les lieuës de l'Est de celles du Oüest, ou au contraire, restera des lieuës plus Est, ou plus Oüest, c'est à dire que vous vous comporterés jusques icy, comme il est enseigné en la 5. Proposition de cette seconde Partie, & au reste comme vous venés de voir.

P R O P O S I T I O N XXIV.

Seiziéme Novembre. 1707.

Differ. en Lat. 1-40.

Depuis le midy du Seiziéme jusques à midy du dix-septiéme dudit mois, nous avons couru au Sud Sud Ouest d'un gros vent de O. N O. & foudre avec nos deux basses Voiles, & fait par estime 40 lieües, mais suivant la premiere corection nous avons fait sur la même route . . .

Lon 347

36

Cette Proposition est l'aplication de la premiere corection enseignée dans les Ecoles de Marine, données comme il ensuit.

Lat 25

Je pars de 26 deg. 59 min. de Latitude Nord, & de 348 deg. 8 min. de Longitude, j'ay singlé par estime sur la route du Sud Sud-Oüest 40 lieües, mais prenant hauteur j'ay trouvé être arrivé par 25 deg. 19 min. de Latitude aussi Nord. Je demande le chemin corigé la Longitude corigée & arrivée.

Pratique de cet Exemple par le Cercle ou Quartier de Proportion.

Pour resoudre cette Proposition & autres semblables, il faut comme en la 3. & 4. Proposition de cette seconde Partie, soustraire les deux Latitudes l'une de l'autre, selon la premiere Maxime de la XLI. Proposition de

Seiziéme Novembre 1707.

ce Livre, afin d'avoir leur difference, sçavoir 25
deg. 19 min. Latitude arrivée de 26 deg. 59
minutes Latitude partie, reste 1 deg. 40 min.
pour la difference en Latitude vers le Sud.

Comptés ce degré 40 min. sur le Nord ou

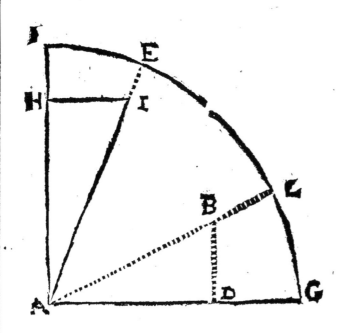

Sud du Cercle ou Quartier de Proportion, &
conduisés par les travers & Paralelle à la ligne
A G jusques au rumb du vent donné qui est
le Sud Sud-Ouest, & là piqués une Aiguille
ou épingle, puis comptés par les Arcs sur le
rumb de vent depuis le Centre du Cercle ou

Quartier de Proportion, vous trouverés avoir fait 36 lieuës corigées, ensuite comptés par les travers, vous remarquerés avoir avancé 13 lieuës trois quarts pour les lieuës de la difference en Longitude, lesquelles doivent être réduites en deg. de Longitude selon le moyen Paralelle, comme il va être enseigné.

Ajoûtés 26 deg. 59 min. Latitude partie, avec 25 deg. 19 min. Latitude arrivée, le tout fera 52 deg. 18 min. prenés la moitié de ce nombre, il vous viendra 26 deg. 9 min. pour le moyen Paralelle.

Bandés le fil du Cercle ou Quartier de Proportion par la Latitude de 26 deg. 9 min. moyen Paralelle sur le quart de Cercle, F G, comptant du point G, comptés ensuite les 13 lieuës trois quarts au Oüeft sur la ligne A G, & conduifés la Meridiene qui termine ces mêmes lieuës de bas en haut, jufques à ce quelle coupe le fil bandé par le moyen Paralelle, & piqués en cét endroit une aiguille, & enfin comptés par les Arcs le long du fil, vous trouverés 46 min. ce qui s'apelle difference en Longitude, & ce qui faut ôter felon la VI Maxime de la XLI Propofition de ce Livre, de la Longitude partie 348 deg. 8 min. refte 347 degrez 22 minutes pour la Longitude arrivée, & ainfi des autres Exemples de cette efpéce.

Pratique

PRATIQVE.

A Latit. partie du côté du Nord.	26 deg. 59 min.	
H Latit. arrivée du côté du Nord.	25 deg. 19 min.	

A H Differ. en Latit. vers le Sud.	1 deg. 40 min.	

A I Chemin corrigé - - - - - - -	36 lieuës.	
H I Lieuës de Longit. corrigées.	13 lie. 3 quarts.	

A L Le moyen Paralelle - - - - - - 26 deg. 9 min.
Selon laquelle les 13 lieuës 3 quarts avancées au
Oüest, valent 46 min. d'un degré pour la difference
en Longitude vers l'Oüest.

A Longit. partie - - - - - - - -	348 deg. 8 min.	
A B Differ. en Longit. vers l'Oüest - - - - -	46 min.	

B Longitude arrivée & corrigée.	347 deg. 22 min.	

PROPOSITION XXV.

Dix-septiéme Novembre. 1707.

S.O. *Depuis le midy du dix-septiéme jusqu's à*
2 lie. *midy du dix huitiéme dudit mois, nous avons*
q.S. *finglé à plusieurs routes, lesquelles valent tou-*
12.l. *tes en une le Sud Sud-Oüest 5 deg. 30 min.*
plus Sud, d'un vent d'Oüest Nord-Oüest, fur Longit.
iffer. *laquelle route & fe fervant de la premiere co-* 347.12
Lat. *rection, nous avons fait au vray* . . . . . . 10 lie.
30.

Propofition comme elle fe donne dans les Lat.ob
Academies de la Navigation. 24.59°

P

Dix septiéme Novembre 1707.

Je pars de 25 deg. 19 min. de Latitude Nord, & de 347 deg. 22 min. de Longitude, j'ay fait par estime sur la route du Sud Sud-Oüest 12 lieuës.

Plus au Sud quart Sud-Oüest 12 lieuës, & par ma hauteur j'ay trouvé être arrivé par 24 deg. 49 min. de Latitude aussi Nord : Je demande le rumb de vent sur le tout, le chemin corigé en ligne droite, & la Longitude corigée & arrivée.

Pratique de cét Exemple par le Cercle ou Quartier de Proportion.

Pour resoudre cette Proposition & autres semblables, il faut en premier lieu pointer sur la route du Sud Sud-Oüest 12 lieuës, on trouvera 11 lieuës avancées au Sud, & 4 lieuës & demie à l'Oüest.

En second lieu, il faut pointer sur la route du Sud quart Sud-Oüest autres 12 lieuës, lesquelles donneront de bas en haut 11 lieuës & demie pour les lieuës avancées au Sud, & par les travers 2 lieuës un quart avancées au Oüest.

Cela fait, faut ajoûter 11 lieuës au Sud de la premiere route, & 11 lieuës & demie de la seconde, le tout fera 22 lieuës & demie, pour les lieuës avancées au Sud.

Il faut aussi ajoûter 4 lieuës & demie avan-

cées au Oüest provenus de la premiere route,
avec 2 lieuës un quart de la seconde, le tout
fait 6 lieuës 3 quarts avancées au Oüest.

Ensuite, il faut compter les 22 lieuës &
demie au Sud, sur le côté du Cercle ou Quartier de Proportion pris pour Nord ou Sud, &
là où ils finissent, compter par les travers 6
lieuës trois quarts au Oüest, & piquer là une
aiguille ou épingle, & bandei le fil par cette
aiguille, puis compter sur le côté pris pour
Nord & Sud, les 30 min. de difference en
Latitude, & aller par les travers jusques à ce
que cette difference en Latitude aille couper
le fil bandé comme il vient d'être dit, & piqués une aiguille en ce point ; puis comptés
du Centre par les Arcs sur le fil bandé, vous
trouverés que le rumb de vent par lequel vous
aurés été sera le S id Sud-Oüest, prenant 5
deg. vers le Sud, sur lequel vous aurés fait 10
lieuës & demie corigées, & par les travers
vous remarquerés avoir avancé 3 lieuës corigées au Oüest, lesquelles seront reduites en
degrés de Longitude, ou plûtôt en min. par
le moyen Paralelle comme il ensuir.

Ajoûtés 45 deg. 19 min. Latitude partie,
avec 24 deg. 49 min. Latitude arrivée, le tout
produira 50 deg. 8 min. dont la moitié sera
24 deg 4 min. pour la moyenne Paralelle.

Bandés le fil du Cercle ou Quartier de Pro-

Dix-septiéme Novembre. 1707.

portion par la Latitude de 25 deg. 4 min. sur
le quart de Cercle F G , commençant au point
G , comptés ensuite les 3 lieuës avancées à
l'Oüest sur la ligne A G (supofée en cette rencontre pour la ligne Equinoxiale,) & condui-

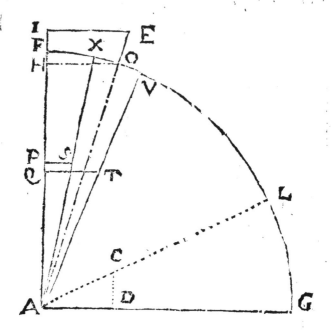

fés la Meridiene qui termine ces mêmes lieuës,
jusques à ce qu'elle aille couper le fil bandé
par le moyen Paralelle , & là piqués une aiguille ou épingle , comptés enfin du Centre
du Cercle ou Quartier de Proportion , vous
crouverés 3 lieuës un tiers majeures ou 10 min.

Dix septiéme Novembre 1707.

pour la difference en Longitude vers l'Oüeſt,
ce que vous ôterés de la Longitude partie,
ſelon la VI Maxime de la Propoſition X I de
ce Livre, 347 deg. 22 min. reſtera 347 deg.
12 min. pour la Longitude arrivée, & ainſi des
autres Exemples de cette eſpéce.

PRATIQUE.

Rumbs de vent.	Lieües N.	Sud.	Eſt.	Oüeſt.
Sud Sud-Oüeſt. - -	12	11 ·	· ·	4 - 5
S. quart S. O - -	12	11.5	· ·	2 - 2
		22.5	· ·	6 - 7

Lieües plus Sud. - - - - - - - 22 lieües & demie.
Lieües plus Oüeſt - - - - - - - 6 lieües 3 quarts.

A Lat. partie du côté du Nord - - 25 deg. 19 min.
H. Lat. arrivée du côté du Nord - - 24 deg. 49 min.

A H Differ. en Lat. vers le Sud. 00 deg. 30 min.
H Lie. de Longit. ſelon la hauteur. 3 lieües.

Le moyen Paralelle 25 deg. 4 min. ſelon lequel les 3
lieües de Longitude corigées valent 10 min. pour la
difference en Longitude vers l'Oüeſt.

A Longitude partie - - - - - - - 347 deg. 22 min.
A C Differ. en Longit. vers l'Oüeſt - - - - 10 min.

C Longitude arrivée - - - - - - - 347 deg. 12 min

A O le chemin corigé - - - - - - 10 lie. & demie.
F O Le rumb de vent ſur le tout eſt le Sud-Sud Oüeſt
prenant 5 deg. 30 min. vers le Sud.

On peut s'imaginer une autre Latitude &
Longitude partie, & avoir été à plusieurs autres routes entre les deux premiers rumbs de
vent, cela n'empêchera pas qu'on n'agisse toûjours de même que vous venés de voir, & s'il
se rencontre des lieuës au Nord & Sud, à
l'Est & à l'Oüest, il faudra soustraire les lieuës
du Sud des lieuës du Nord, ou au contraire,
& restera des lieuës plus Nord ou plus Sud,
puis soustraire les lieuës du Oüest, des lieuës
de l'Est, ou au contraire, & restera des lieuës
plus Est, ou plus Oüest, puis agir au reste
comme vous venés d'entendre.

Pour conclusion, lorsqu'on aura singlé à plusieurs routes, & que de toutes ces routes il y
en aura de la premiere, seconde & troisiéme
corection, il faudra reduire le tout sous les
quatres principaux rumbs de vent, & aprés
avoir ôté les lieuës du Nord de celles du Sud,
ou celles du Sud de celles du Nord, les lieuës
de l'Est de celles du Oüest, ou celles du Oüest,
de celles du Est, il sera seulement necessaire
de voir dans quelle corection cela tombe, ce
qui étant connu, on se corigera conformement
à ce qui en est dit cy-devant.

Si on ne se sert point des corections, toutes les Propositions depuis la 20. de cette seconde Partie, se doivent resoudre comme la
3. 4. & 11. Proposition de cette seconde Par-

tie, c'est-à-dire qu'on doit trouver le chemin
au vray qu'on a fait par la difference en Latitude, quand on n'a été qu'à une seule route,
selon la 3. & 4. Proposition de cette seconde
Partie, & quand on a couru sur plusieurs routes enfermées dans un quart de Cercle ; il faut
se régler selon l'onziéme Proposition de cette
seconde Partie ; donnez-vous, s'il vous plaît,
la peine d'y avoir recours pour entendre ce
que je veux dire, & pour n'être pas obligé de
repeter plusieurs fois une même chose dans
un seul Volume.

Ne vous étonnés pas si vous remarqués en
cette Proposition beaucoup de difference entre le chemin estimé & le chemin corigé, je
l'ay fait exprès, afin d'avoir lieu de faire connoître aux Navigateurs de bien prendre garde
si leur Latitude observée est bonne, & si la
faute ne vient point de ce côté-là, si le rumb
de vent sur lequel ils ont été n'est point faus-
sé ou détourné par la Variation, la chûte des
courans, le déchet ou le mauvais gouvernement, ou bien si l'estime qu'on a faite du chemin du Navire a été observée selon les régles,
ces trois choses font qu'on ne peut pas assu-
rer le lieu où l'on est, mais après tout la Latitude remedie à tous ces défauts, il n'y va
que d'être un peu plus de l'avan ou un peu
de l'arriere : Mais vous remarquerés qu'il se

Dix-septiéme Novembre 1707.

faut faire toûjours de l'avan, quand on veut
aller querir une terre , & que quand on est,
ou qu'on se fait proche de quelque Cap ou Isle,
& qu'on la veut doubler de nuit ou de temps
de Brune qu'on se doit faire plûtôt de l'arriere , afin par ce moyen de donner tour à ladite terre.

PROPOSITION XXVI.

Dix-huitiéme Novembre. 1707.

*Lever
du Sol.*

*10 deg
de l'Est
vers le
Sud.*

Depuis le midy du 18. jusques à midy d[u]
*19. dudit mois, nous avons couru au Oüest
Sud-Oüest d'un vent mediocre de Nord-Est,*

*Ampl.
Sud du
Soleil
21-45
au tiers
du lever
du Sol.*

*& fait par estime 30 lieuës, mais à cause de
la Variation que nous avons trouvée au lever
du Soleil de 11 deg. 45 min. du côté du Nord-
Oüest, la route n'avoit valu que le Sud-Oüest
quart d'Oüest 30 min plus Sud, sur laquelle
du lever nous avons fait par estime. . . . .*

Lon
345

30

*Variat.
11. 45.*

N. O.

Cette Proposition est l'aplication d'un Exemple proposé à peu prés en ces termes dans les
Academies de la Navigation.

Lat
23

Je pars de 24 deg. 49 min. de Latitude
Nord , & de 347 deg. 12 min. de Longitude,
j'ay fait par estime sur la route du Oüest Sud-
Oüest 30 lieuës , me servant d'un Compas
qui varie du Nord vers l'Oüest de 11 deg. 45
minutes :

minutes : Je demande ce que la route a valu, & partant par quelle Latitude & Longitude je suis arivé.

Pratique de cét Exemple par le Cercle ou Quartier de Proportion.

Pour resoudre cette Proposition & autres semblables , il faut premierement sçavoir ce que la route a valu , ce qui seroit fort facile, si on se servoit de nôtre Cercle de Proportion, car il n'y auroit qu'à piquer une aiguille depuis le Nord vers le Nord-Oüest de 11 deg. 45 min. puis faire aller le fil du Centre depuis le Oüest Sud-Oüest de la même maniere , & d'autant de degrez comme l'aiguille se trouveroit éloignée du Nord ou de la Fleur de Lys , si bien qu'on verroit aussi-tôt que la route seroit 11 deg. 45 min. plus vers le Sud, c'est-à-dire le Sud-Oüest quart d'Oüest 30 min. plus Sud.

Mais comme beaucoup se servent du Quartier de Proportion, il suffit de leur dire ou de leur faire retenir pour une maxime générale, que lorsque la Variation est du côté du Nord-Est, il faut lorsqu'on va entre le Nord & l'Est, ou entre le Sud & l'Oüest, s'éloigner du Nord, en s'aprochant de l'Est ou du Sud, en s'aprochant de l'Oüest, & si on a été entre le Sud & l'Est , ou entre le Nord & l'Oüest , il faut

Q

ſe raprocher du Sud en s'éloignant de l'Eſt, ou ſe raprocher du Oüeſt en s'écartant du Sud, pour ſçavoir ce que la route a valu.

Il faut remarquer en paſſant, que ſi on va au Nord de Variation Nord-Eſt, la route eſt entre le Nord & l'Eſt.

Si on va à l'Eſt, la route eſt entre le Sud & l'Eſt.

Si on va au Sud, la route eſt entre le Sud & l'Oüeſt.

Et enfin, ſi on va au Oüeſt, la route eſt entre le Nord & l'Oüeſt.

Quand la Variation eſt du côté du Nord-Oüeſt, & qu'on veut ſçavoir ce que la route a valu, il faut lorſqu'on va entre le Nord & l'Eſt, ou entre le Sud & l'Oüeſt, s'aprocher du Nord ou du Sud, en s'éloignant de l'Eſt ou du Oüeſt.

Et ſi on va entre le Sud & l'Eſt, & entre le Nord & l'Oüeſt, il faut s'éloigner du Nord ou du Sud, en s'aprochant du Oüeſt ou de l'Eſt.

Remarqués encore que ſi on va au Nord, la Variation étant du côté du Nord Oüeſt, la route ſera entre le Nord & l'Oüeſt.

Si on va à l'Eſt, la route eſt entre le Nord & l'Eſt.

Si on va au Sud, la route eſt entre le Sud & l'Eſt.

Si on va au Oüeſt, la route eſt entre le Sud & l'Oüeſt.

Tout cecy se doit entendre lorsque l'Angle
de la route est de davantage de degrez que
celuy de la Variation : car si l'Angle de la route
est de moindre degrez que celuy de la Variation, alors il faut s'aprocher & s'éloigner
du Nord & du Sud tout à la fois; par exemple, la Variation étoit de 30 deg. du côté du
Nord-Est, & qu'on eût singlé au N. quart
N. O. la route auroit valu celle du Nord
Nord-Est, 3 deg. 45 min. plus Nord, &c.

J'avois cecy à dire, avant que de reprendre
cette Proposition, & les autres de cette
espéce qui suivent.

Je dis donc, que pour sçavoir ce que la route du Oüest Sud-Oüest m'a valu, il faut me
raprocher du Sud de 11 deg. 45 min. c'est-à-
dire, qu'il faut mettre le filet du Cercle ou
Quartier de Proportion sur le Sud-Oüest quart
d'Oüest 30 min. plus vers le Sud, & dessus
le fil & par les Arcs, je dois compter 30 lieuës
de même que vous avés vû en le septiéme,
huitiéme & dix-septiéme Proposition de cette
seconde Partie, & piquer une aiguille à la fin
de ces lieuës, puis compter de bas en haut
sur les Meridienes, je trouverai avoir élevé 17
lieuës au Sud, lesquelles valent 51 min. pour
la différence en Latitude vers le Sud, ce que
je dois ôter de la Latitude partie, selon la III
Maxime de la XLI Proposition de ce Livre 24

deg. 49 min. (puisque je pars de Latitude
Nord, & que je vais vers le Sud) il me restera 23 deg. 58 minutes pour ma Latitude arivée.

L'aiguille étant au bout des 30 lieuës, je
compte par les travers & Paralelle à la ligne
A G , je trouve avoir avancé au Oüest 25
lieuës, lesquelles je reduis en degrez de Longitude, selon la moyenne Latitude comme il
ensuit.

Ajoûtant 24 degrez 49 min. Latitude
partie, avec 23 degrez 58 minutes Latitude
arivée, le tout produit 48 degrez 47 minutes, dont la moitié est 24 degrez 24 minutes
pour la moyenne Paralelle.

Je bande le fil du Cercle ou Quartier de
Proportion par la moyenne Latitude 24 degrez 24 min. sur le quart de Cercle F G, commençant le compte des degrez au point G,
ensuite je compte les 25 lieuës au Oüest sur
la ligne A G , prise en cette rencontre pour
l'Equateur, & au bout de ces lieuës je con-
duis la Meridiene, qui va couper le fil bandé
par la moyenne Latitude ou le moyen Paralelle, & là je pique une aiguille, puis je compte du Centre du Cercle ou Quartier de Proportion, & je trouve 27 lieuës majeures,
lesquelles valent 1 degré 21 minutes de Longitude pour ma difference, & à cause que je

Dix-huitiéme Novembre. 1707.

vais du côté du Oüeft, je les ôte felon la **VI**
Maxime de la Propofition XLI de ce Livre,
de 347 deg. 12 min. Longitude partie, refte

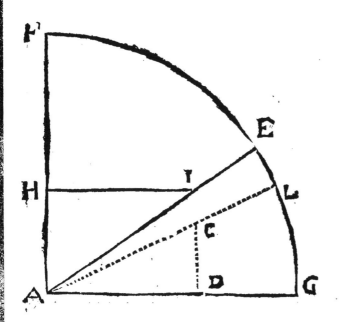

345 deg. 51 min. pour ma Longitude arivée,
laquelle je pofe au deffous de la Latitude
& du chemin comme elle eft marquée dans
ce Journal.

PRATIQVE.

F E Angle de la route le Sud-Oüeft quart d'Oüeft
30 minutes plus Sud.

Dix-huitiéme Novembre. 1707.

A Latitude partie du côté du Nord. 24 deg. 59 min.
A H Differ. en Latitude vers le Sud.　　deg. 51 min.

H Latit. arrivée du côté du Nord - - 23 deg. 58 min.

H I Differ. en Longitude vers l'Oüest. 25 lieuës.

G L La moyenne Latitude ou le moyen Paralelle est de 24 deg. 22 min. felon laquelle les 25 lieuës avancées au Oüest, valent 1 deg. 21 min. pour la difference en Longitude vers l'Oüest.

A Longitude partie - - - - - - - - 347 deg. 12 min.
A C Differ. en Longit. vers l'Oüest 1 deg. 21 min.

C. Longitude arrivée - - - - - - - 345 deg. 51 min.

Tout Navigateur refléchiffant fur cette derniere Propofition, ne doute nullement qu'il ne foit dans l'obligation de fçavoir tous les jours de fa Navigation, la quantité & la qualité de la Variation des Compas dont il eft obligé de fe fervir, afin d'être affûré de ce que la route qu'il a faite a valu, pour ne pas pointer une route pour une autre ; car fi un Pilote n'avoit pas obfervé la Variation ce jour, fans doute il auroit pointé la route du Oüeft Sud-Oüeft, & partant il auroit davantage avancé au Oüeft & moins au Sud, & ainfi il n'auroit pas trouvé la Latitude & Longitude où il feroit arrivé comme nous la venons de trouver, j'ay marqué l'importance de cecy en la Page 129. de la premiere Partie de ce Livre.

Dix-huitiéme Novembre. 1707.

Notés que dans toutes les Propofitions précedentes, & celles qui fuivront, fi on a fçû
ou fi on fçait de combien de degrez, & de
quel côté eft la Variation du compas dont on
fe fert, on ne peut & on ne doit pas raifonna-
blement s'empêcher de fçavoir ce que la route a valu, fi on veut Naviger avec autant d'exac-
titude comme il eft à nôtre pouvoir.

PROPOSITION XXVII.

Dix-neuviéme Novembre. 1707.

Depuis le mi y du 19. *jufques à midy du*
20. *dudit mois, nous avons couru à plufieurs*
routes, lefquelles corigées chacunes en leur par-
ticulier felon 11 *deg* 45 *min. de ariation Nord-*
Oüeft, valent l'Oüeft Sud Oüeft un deg. 10
min. plus Sud, fur laquelle route nous avons
fait par eftime . . . .

Longis.
344.10

33 lie.
1 tiers.

Cette Régle eft l'aplication d'un Exemple
propofé à peu prés dans les Academies de Navigation en ces termes.

Lat. E.
23. 6.

Je pars de 23 deg. 58 minutes de Latitude
Nord, & de 345 deg. 51 min. de Longitude,
j'ay fait par eftime fur la route du Oüeft
quart Sud-Oüeft. . . . . 5 lieuës.

Lat. ob.
23. 25.

Plus au Oüeft Nord-Oüeft. . . . 14 lieuës.
Plus au Oüeft . . . . 15 lieuës.

Dix-neuviéme Novembre. 1707.

Plus au Sud . . . . 10 lieuës,
me fervant d'un Compas dont la Variation
eft Nord Oüeft de 11 deg. 45 min.

Je demande ce que chaque route a valu
en fon particulier, & par quelle Latitude &
Longitude je fuis arrivé. La route fur le tout,
& le chemin en droite ligne.

Pratique de cét Exemple par le Cercle
ou Quartier de Proportion.

Pour refoudre cette Propofition & autres
femblables, il faut en premier lieu fçavoir ce
que la route du Oüeft quart Sud-Oüeft à valu, on trouvera felon la 26. Propofition de
cette feconde Partie, la route du Oüeft Sud-
Oüeft 30 min. plus Sud, fur laquelle il faut
pointer 5 lieuës, elles donneront 2 lieuës au
Sud, & 4 lieuës quart au Oüeft.

Secondement, felon la 26. Propofition de
cette feconde Partie, il faut pour pointer la
feconde route qui eft l'Oüeft Nord-Oüeft, &
fe reculer du Nord de 11 deg. 45 min. qui
eft la Variation, & bander le fil fur l'Oüeft
quart Nord-Oüeft, 30 min. plus Oüeft, &
compter les 14 lieuës faites fur cette route le
long du fil, & attacher une petite aiguille au
bout de ces lieuës, puis compter de bas en
haut fur le Cercle ou Quartier de Proportion,
on trouvera avoir avancé au Nord 2 lieuës &
demie,

demie , & comptant par les travers on remar-
qttera avoir gagné au Oüest 13 lieuës 3 quarts,
ce qui fait mettre sous le Nord & sous l'Oüest.

Troisiémement, la route du Oüest se trouvé selon la 26. Proposition de cette seconde
Partie est entre le Sud & l'Oüest, c'est-à-dire
que la route est l'Oüest quart Sud-Oüest 30
min. plus Sud , bandés le fil sur le rumb de
vent , & comptés les 15 lieuës faites en cette
route , vous remarquerés par les Meridienes
de haut en bas avoir avancé au Sud 3 lieuës,
& comptant par les travers vous verrés 14
lieuës trois quarts gagnés au Oüest , ce qui
faut encore poser sous le Sud & sous l'Oüest.

En quatriéme & dernier lieu , il faut considerer selon la même Proposition vingt-sixiéme
de cette seconde Partie, que la route du Sud,
la Variation étant Nord-Oüest de 11 deg. 45
min. sera entre le Sud & l'Est , c'est-à-dire le
Sud quart Sud-Est 30 min. plus Est , faut donc
bander le fil sur ce rumb de vent, & compter
le long du fil du Centre du Cercle ou Quartier
de Proportion, les 10 lieuës faites sur cette route,
& on trouvera avoir avancé 9 lieuës 3 quarts
au Sud, & 1 lieuë 3 quarts à l'Est, ce qu'il faut
encore écrire sous le Sud & sous l'Oüest.

Tout cecy étant fait , ajoûtés les lieuës du
Nord, celles du Sud, celles de l'Est & celles
du Oüest , ensembles selon leur espéce , vous

R

Dix-neuvième Novembre. 1707.

trouverés 2 lieuës & demie au Nord , 14 lieuës trois quarts au Sud, 1 lieuës 3 quarts à l'Est, & 32 lieuës 3 quarts à l'Oüest.

Otés les 2 lieuës & demie du Nord , des 14 lieuës 3 quarts au Sud, reſtera 12 lieuës & demie plus Sud.

Otés enſuite une lieuë 3 quarts à l'Est des 32 lieuës trois quarts au Oüest, reſtera 31 lieuës au Oüest.

Les 12 lieuës & demie au Sud, étant reduites en min. de Latitude, en valent 38 pour la difference en Latitude vers le Sud, ce qui faut ôter de la derniere Latitude , & celle qu'on ſupoſe pour le départ, ſelon la III Maxime de la XLI Propoſition de ce Livre , 23 deg. 58 min. reſtera 23 deg. 20 min. pour la Latitude arrivée.

Il faut à preſent réduire les 31 lieuës avancées au Oüest en deg. & min. de Longitude ſelon la moyenne Latitude ou le moyen Paralelle en cette ſorte.

Ajoûtés 23 deg. 58 min. Latitude partie, avec 23 deg. 20 min. Latitude arrivée , le tout ſera 47 deg. 18 min. prenés la moitié de cette ſomme , vous aurés 23 deg. 39 min. pour le moyen Paralelle.

Bandés le fil du Cercle ou Quartier de Proportion, par la Latitude de 23 deg. 39 min. moyen Paralelle ſur le quart de Cercle F G,

Dix-neuviéme Novembre. 1707.

commençant le compte au point G ; enfuite comptés les 31 lieuës avancées au Oüeft fur la ligne A G, fupofée en cette rencontre pour l'Equateur, & au bout de ces mêmes lieuës, conduifés la Meridiene jufques au fil bandé par le moyen Paralelle, & piqués là une ai- guille ou épingle, & comptés fur les Arcs du Centre du Cercle ou Quartier de Proportion, vous trouverés 33 lieuës deux tiers majeures, lefquelles valent 1 deg. 41 min. pour la va- leur des 31 lieuës, ce qui fe doit apeller diffe- rence en Longitude vers l'Oüeft, & ce qui faut ôter de 345 deg 51 min Longitude par- tie, felon la VI Maxime de la XLI Propo- fition de ce Livre, refte 344 deg. 10 min. pour la Longitude arivée, ce qu'on doit pofer à côte de fon Journal en la maniere que vous pouvés voir cy-devant, avec la Latitude efti- mée & la Latitude obfervée.

Pour trouver la route en ligne droite qu'a valu toutes celles qu'on a faites, il ne faut que compter les 12 lieuës & demie avancées au Sud, fur la ligne du Nord & Sud du Cercle ou Quartier de Proportion, & au bout de ces lieuës, compter par les travers les 31 lieuës gaignés au Oüeft, & piquer une aiguille en ce point, puis bander le fil par cét endroit & remarquer le rumb de vent que le fil montre, on trouvera que la route en ligne droite fera

Dix-neuviéme Novembre 1707.

le Oüeſt Sud - Oüeſt un degré 10 min. plus
Oüeſt, & pour trouver le chemin ſur le tout,
il ne faut que compter ſur le fil par les Arcs &
du Centre du Cercle ou Quartier de Proportion, on trouvera 33 lieuës un tiers pour la

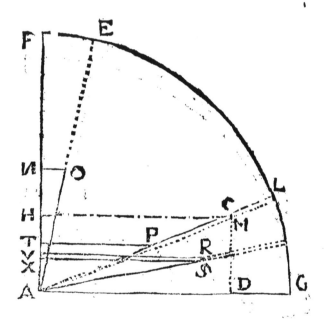

diſtance ; ſi bien que ſi on vouloit retourner
du lieu d'où l'on eſt party, il ne faudroit que
faire 33 lieuës un tiers ſur la route de l'Eſt
Nord-Eſt un deg. 10 min. plus Eſt, & ainſi de
tous les autres Exemples de cette eſpéce.

Dix neuviéme Novembre. 1707.

PRATIQVE.

Rumbs de vent corigés felon 11 deg. 45 min. de Variation du côté du Nord-Oüeft.

Le Oüeft quart Sud Oüeft aura valu le Oüeft Sud-Oüeft 30 min. plus Sud , ou 68. deg. pour l'Angle de la route depuis le Sud.

Le Oüeft Nord-Oüeft aura valu le Oüeft quart Nord-Oüeft 30 min. plus Oüeft , ou 79 deg. pour l'Angle de la route depuis le Sud.

Le Oüeft aura valu le Oüeft quart Sud-Oüeft 30 min. plus Sud , ou 78 deg. 15 min. pour l'Angle de la route depuis le Sud.

Le Sud aura valu le Sud quart Sud-Eft 30 min. plus Eft ou 11 deg. 45 minutes pour l'Angle de la route depuis le Sud.

Angles des routes.	Lieu.	Nord.	Sud.	Eft.	Oüeft.
O. quart S. O. 30 min. plus Sud.	5 .	. .	2 .	. .	4.3
O. quart N.O 30 min. plus Oüeft.	14 .	2.5		. .	13.7
O. quart S. O. 30 min. plus Sud.	15.	. .	3 .		14.8
S. quart S. E. 30 min. plus Sud.	10.		9.9	1.8	
		2.5	14.9	1.8	32.8
			2.5		1.8
		. .	12.4	. .	31 . .

Lieuës plus Sud 12 lieuës 4 dixiémes, ou presque
11 lieuës & demie qui valent 38 min. pour la difference en Latitude vers le Sud.

Lieuës plus Oüest 31 lieuës.

Latitude partie du côté du Nord - - - - 24 deg. 8.
Differ. en Latit. vers le Sud - - - - - - - - - - 38.

Latitude arrivée vers le Nord - - - - - 23 deg. 20°

Le moyen Paralelle est de 23 deg. 39 min. selon laquelle les 31 lieuës avancées au Oüest, valent un
deg. 41 min. pour la difference en Long. vers l'Oüest.

A Longitude partie - - - - - - - - - - 345 deg. 51.
A M Differ. en Latitude vers l'Oüest - - 1 deg 41.

M Longitude arrivée - - - - - - - - - 344 deg. 10.

F L Le rumb de vent sur le tour, est le Oüest
Sud-Oüest, prenant 1 deg. 10 min. plus Oüest.

A C Le chemin en ligne droite est de 33 lieuës 1 tiers.

Remarqués icy en passant que je fais toûjours valoir la ligne A F du Quartier de Proportion pour Nord & Sud, & A G pour Est &
Oüest, quoy que ce ne soit pas l'ordre des
rumbs de vent de dire par exemple dans cette derniere démonstration, que A E soit la
route du Sud quart Sud-Est, si A F est pris
pour le Sud, cependant on peut dire qu'il ne
vient pas davantage de lieuës en Latitude &
en Longitude, ayant singlé un nombre de
lieuës sur la route du Sud quart Sud-Oüest,

comme les ayant singlées sur la route du Sud
quart Sud-Est, si bien que prenant A F pour
Nord & Sud, & A G pour Est & Oüest, on
ne manquera jamais à prendre la difference en
Latitude & en Longitude ; car si on compte
toûjours de bas en haut, on aura la difference
en Latitude, & par les travers la difference
en Longitude, & jamais on ne prendra l'une
pour l'autre, ce qui arrive assés souvent à ceux
qui prennent A F, tantôt pour Nord & Sud,
& tantôt pour Est ou Oüest.

Si cecy donne de la peine à quelques uns,
ils n'ont qu'à s'imaginer le Quartier transpa-
rent, où plûtôt tirer huit autres rumbs de vent
sur le dos dudit Quartier, & marquer les mêmes Lettres, A G sera l'Oüest du Compas, &
A F le Nord, donc celuy du milieu sera le
Nord-Oüest, si A G est pris pour l'Est du Compas, A F sera le Sud, & celuy du milieu sera
le Sud-Est, & ainsi voilà les 32 rumbs de
vent du Compas selon leur ordre.

Partant on peut prendre sans cràindre de se
tromper la ligne A F pour Nord & Sud, &
A G pour Est & Oüest, tous les rumbs de vent
du Compas se trouveront enfermés dans le
Quartier de Proportion, les supposant chacun
pour quatre differens, comme le premier pour
Nord quart Nord-Est, Nord quart Nord-Oüest,
Sud quart Sud-Est, & Sud quart Sud-Oüest,

Dix-neuviéme Novembre 1707.

fi bien que la difference en Latitude fe comptera toûjours de bas en haut, & la difference
en Longitude par les travers.

Ce que je dis icy n'eſt point pour empêcher qui que fe foit de travailler en fa maniere, car ces deux voyes n'aboutiſſent qu'à une
même fin, & ceux qui ſçavent l'une & l'autre
fe mettent peu en peine de laquelle des 2. manieres ils fe fervent, mais je dis que ceux qui
commencent à aprendre l'ufage du Quartier de
Proportion, la premiere voye eſt la meilleure.

Et pour montrer que je n'abonde pas dans
mon fens, & que je ne prétens pas détourner
aucun Navigateur de pointer la route fur laquelle il aura finglé fur le Quartier felon l'ordre des rumbs de vent.

Voicy un moyen aſſûré par lequel on ne
prendra jamais la difference en Latitude pour
la difference en Longitude.

Prenés garde en prononçant le rumb de vent
fur lequel vous avés finglé, fi vous nommés
plufieurs fois le Nord ou Sud, l'Eſt ou l'Oüeſt,
& tenés pour aſſûré que celuy que vous nom-
merés deux fois, fera celuy où vous aurés fait
plus de chemin.

Je m'explique & je dis, que fi vous avés
finglé fur la route du Sud-Oüeſt quart d'Oüeſt,
vous aurés fait plus de lieuës à l'Oüeſt que
non pas au Sud, à caufe que prononçant cette
route,

Dix-neuviéme Novembre. 1707.

route, vous nommés deux fois l'Oüeſt, & partant la difference en Longitude doit être plus grande que la difference en Latitude.

Au contraire, ſi vous avés ſinglé ſur la route du Sud Oüeſt quart de Sud, la difference en Latitude ſera plus grande que la difference en Longitude, parce que vous nommés deux fois le Sud.

Et enfin, ſi vous ſupoſés avoir ſinglé ſur la route du Sud-Oüeſt, alors vous aurés autant de lieuës de difference en Latitude comme en Longit. car nommant ce rumb de vent, vous nommés une fois le Sud, & une fois l'Oüeſt.

Cette diſgreſſion a été un peu longue, mais auſſi ſera-t'elle utile, comme je l'eſpere, aux jeunes Navigateurs, en faveur deſquels j'ay compoſé ce Traité.

Ne vous perſuadés que ſi je dis, que pour réduire des lieuës d'Eſt ou Oüeſt en degrés de Longitude, qu'il faut toûjours compter les lieuës d'Eſt ou Oüeſt ſur la ligne A G du Quartier de Proportion, que ce ſoit pour faire mépris de ceux qui comptent ces mêmes lieuës d'Eſt ou Oüeſt ſur la ligne de Nord ou Sud A F, car ces deux manieres ſont également bonnes, & ne produiſent que la même choſe : car ſi j'enſeigne de compter les deg. de Latitude de la moyenne Latitude ou moyen Paralelle du point G, c'eſt que je ſupoſe la ligne

S

A G, pour l'Equateur ou la ligne Equinoxiale
qui s'étend de l'Est au Oüest, & ainsi les degrez
de Longitude diminuënt de valeur lorsque le
fil du Quartier est bandé par une plus grande
Latitude, & s'aproche plus prés du point F,
que je supose comme Pole.

Au contraire, de ceux qui prennent la
moyenne Latitude ou le moyen Paralelle du
point F, & qui comptent les lieuës d'Est ou
Oüest sur la ligne A F, ce qui fait connoître
en passant que ceux qui veulent que A F soit
tantôt Nord & tantôt Est, se trompent en
cette rencontre, puisqu'ils prennent cette ligne toûjours pour Est & Oüest, dans la reduction des lieuës d'Est ou Oüest en deg. de
Longitude, & au contraire.

Toutes ces difficultés sont levées lorsqu'on
Navige, ou qu'on se sert dans toutes les Pro-
positions de la Navigation de nôtre Cercle de
Proportion.

Quand on a couru à plusieurs routes d'un
midy à l'autre, & qu'on est sur la quantité
& qualité de la Variation, il faut necessai-
rement sçavoir ce que chaque route à valu en
particulier, pour composer à la fin une route
seule de tout comme on voit en cette derniere
Proposition, & par l'aplication que nous en
avons faite pour la composition de nôtre
Journal.

Dix-neuviéme Novembre 1707.

La Latitude ayant été obfervée en ce jour, il faut deformais & à l'avenir, s'en fervir dans les regles fuivantes, préférablement à celle qui n'eft qu'eftimée. Vous avés vû en la page 87 de cette feconde Partie qu'il n'y a pas de mal, & qu'il eft même neceffaire de tems en tems qu'un Pilote arrête fon point fur la Carte, fi pour le mieux il ne le veut faire tous les jours, cela lui fert premierement pour voir s'il n'eft point prés de quelque danger, & ce qu'il doit faire pour l'éviter; Secondement, fon point ou plûtôt le lieu où il eft fur fa Carte luy fait connoître le rumb de vent, & le chemin qu'il faut faire pour aller aborder à l'Ifle qu'il s'eft propofé, fi le vent luy permet de faire la vraye route, ou finon de faire gouverner aux autres rumbs de vent les plus aprochans du veritable, fi bien que prenant le Paralelle de 23 deg. 25 min. & le Meridien de 344 deg. 10 min. avec deux Compas fur la Carte du Sieur du Bocage, felon laquelle tout le Journal eft compofé de fuite.

On trouvera que la Martinique fera au Oüeft Sud-Oüeft environ 522 lieuës, c'eft-à-dire que du point où on étoit à midy du 20 Novembre 1707. il faudroit donc gonverner fur la route du Oüeft Sud-Oüeft, jufques à ce qu'on fût arivé fous la Latitude de la Martinique 14 deg. 30 min. & alors on feroit en

core à l'Eſt de ladite Iſle environ 60 lieuës,
donc faiſant la route du Oüeſt, on ne man-
queroit jamais d'aler aborder l'Iſle de la Martinique.

Il y a des Pilotes qui ſe mettent ſous la
Latitude de la Martinique encore plûtôt que
nous n'avons fait, crainte de s'être trompés
dans leur Longitude, c'eſt-à dire qu'ils feroient
gouverner au Sud-Oüeſt quart d'Oüeſt quelques jours, puis aprés au Oüeſt Sud-Oüeſt.
Cela eſt de bon ſens, car de cette maniere
on ne peut jamais manquer d'aller querir ladite Iſle étant ſous ſa Latitude, où bien il
faudroit s'être trompé de 6 ou 8 deg. de Longitude, ou plus ſelon qu'on ſe ſeroit plûtôt
élevé par la Latitude de la terre où l'on vouloit
aller, ce qui ne peut pas ariver à un Pilote,
qui a tant ſoit peu de connoiſſance de la pratique de la Navigation.

Comme tous les Navigateurs ne ſe ſervent
pas d'une Carte de France telle que celle du
Sieur du Bocage, on de quelques-unes des
nôtres, mais aſſés ſouvent d'une Carte de Holande, dans laquelle le premier Meridien eſt
poſé à l'Iſle de Tenerif, il eſt à propos ce me
ſemble de leur faire connoître comme ils doivent raporter le tout ſur une Carte de France
pour avoir la Longitude arivée, ſelon le premier Meridien poſé à l'Iſle de Fer par l'Ordre

Dix-neuviéme Novembr. 1707.

de Loüis XIII. d'Heureuſe Memoire, par un Arrêt donné en l'année 1638. ſur lequel Meridien leur Journal doit être compoſé.

Il faut ſçavoir, premierement la différence des degrez en Longitud. d'une Carte à une autre, comme celle de France & celle d'Hollande, dont le premier Meridien eſt poſé, l'un à l'iſle de Fer, & l'autre à l'iſle de Tenerif, & ſçavoir auſſi le Meridien de ces deux Iſles laquelle eſt la plus à l'Eſt, cela étant une fois notté, il ſera facile de poſer ſon point ſur toutes ſortes de Cartes

Je ſçai qu'entre le premier Meridien poſé à l'iſle de Fer & celuy de Tenerif, il y a un deg. 30 minutes de différence en Longitude, & que le Meridien de Tenerif eſt plus à l'Eſt que le nôtre, donc ſi nous avons Navigé ſelon une Carte de Hollande, nous n'avons qu'à ajoûter un degré & demy à la Longitud. où nous ſommes, & nous aurons la Longitude au juſte ſelon une Carte de France.

Au contraire, ſi la Longitude nous eſt donnée ſelon une Carte de France, & que nous voulions marquer nôtre point ſur une Carte d'Hollande, il ne faut qu'ôter un degré & demy de la Longitude donnée, reſtera la Longitude arivée.

Je dis cecy, particulierement, pour ceux à qui on demanderoit, où qu'ils voudroient mar-

quer le point où ils font fur une Carte diffe-
rente de celle où ils font leur Navigation,
comme par exemple, fi on demandoit le point
de 23 degrez 25 minutes de Latitude Nord,
& de 344 degrez 10 minutes de Longitude
pris fur une Carte de France ; fi dis je, on
demandoit ce même point fur une Carte d'Holande, je dis qu'il faudroit en ôter un degré
30 minutes, refteroit 343 degrez 40 minutes pour la Longitude de France, raportée fur
une Carte d'Holande

Si au contraire, on vouloit fçavoir la Longitude où l'on feroit fur une Carte de France,
s'étant toûjours fervi d'une Carte d'Hollande
dont le premier Meridien feroit pofé à Tenerif, il ne faudroit qu'ajoûter un degré & demy à la Longitude arivée ; par exemple, étant
à 344 degrez 10 minutes de Longitude felon une Carte de France, il faudroit ajoûter
un degré 30 minutes avec 344 degrez 10
minutes, on auroit 345 degrez 40 minutes
pour la Longitude arivée.

Je ne parle point de la Latitude, car en
l'une comme en l'autre Carte, elle trouve toûjours la même.

PROPOSITION XXVIII.

Vingtiéme Novembre. 1707.

*Depuis le midy du 20. jusqu's à midy du 21.
dudit mois, nous avons singlé, couru ou vogué
sur la route Oüeſt Sud-üeſt, qui eſt nôtre veritable route, d'un bon vent de Sud-Eſt,mais à
cauſe de la Variation que nous avons trouvee
au coucher du Soleil être de 9 deg. du côté du
Nord-Oüeſt, la route auroit valu le Sud Oüeſt
quart d'Oueſt 1 deg. 48 min. plus Oueſt, ſur
laquelle nous avons fait au vray. . . . . . .*

Longit.
341.44
Lat. ob
22. 3.
52 lie.

Cette Propoſition eſt l'aplication d'un Exemple propoſé à peu prés en ces termes dans les
Academies Royales de la Navigation.

Je pars de 23 deg. 25 min. de Latitude Nord,
& de 344 deg. 10 min. de Longitude, j'ay
couru ſur la route du Oüeſt Sud-Oueſt jufques à la Latitude de 22 deg. 3 minutes auſſi
Nord, me ſervant d'un Compas qui varie du
Nord vers l'Oueſt de 9 deg. Je demande ce
que la route m'a valu, & partant par quelle
Longitude je ſuis arrivé, & le chemin que
j'ay fait en route.

Pratique de cét Exemple par le Cercle ou
Quartier de Proportion.

Pour reſoudre cette Propoſition & autres

semblables, il faut en premier lieu sçavoir ce que la route du Oüest Sud-Oüest a valu selon la 26. Proposition de cette seconde Partie, on trouvera qu'il se faut approcher du Sud en s'éloignant du Oüest de 9 deg. si bien que la route aura valu le Sud Oüest quart d'Oüest 2 deg. 15 min. plus Oüest.

Secondement, il faut soustraire les deux Latitudes l'une de l'autre, sçavoir 22 deg. 3 min. de 23 deg. 25 min. restera un deg. 22 min. pour la différence en Latitude vers le Sud.

Cela fait, il faut bander le fil du Cercle ou Quartier de Proportion sur l'Air de vent qu'a valu la route, sçavoir le Sud - Oüest quart-d'Oüest 2 deg. 15 min. plus Oüest, puis compter sur le côté qu'on prend pour Nord ou Sud du Cercle ou Quartier de Proportion 1 deg. 22 min. de différence en Latitude, & à la fin de cette différence, comptés par les travers & Paralelle à la ligne A G, jusques au fil bandé sur le tumb de vent qu'a valu la route, & piqués une aiguille ou épingle, puis comptés par les Arcs le long du fil, vous trouverés 52 lieuës & demie faites sur ladite route, & si vous comptés par les travers, vous trouverés avoir avancé au Oüest 44 lieuës deux tiers, lesquelles seront réduites en deg. de Longitude selon la moyenne Latitude ou le moyen Paralelle, comme il ensuit.

Ajoûtés

Vingtiéme Novembre. 1707.

Ajoûtés 23 deg. 25 min. Latitude partie
avec 22 deg. 3 min. Latitude arrivée, le tout
fera 45 deg. 28 min. prenés la moitié de ce
nombre, vous aurés 22 deg. 44 min. pour
la moyenne Paralelle ; cela fait.

Bandés le fil du Cercle ou Quartier de Proportion fur le quart de Cercle F G, commençant à compter du point G jufques à 22 deg.
44 min. qui eft la moyenne Latitude ou le
moyen Paralelle, le fil étant tendu de cette
forte, comptés les 44 lieuës 2 tiers avancées
au Oüeft fur la ligne d'Eft ou Oüeft A G, &
conduifés la Meridiene qui termine ces mêmes
lieuës jufques au fil bandé, & là piqués une
aiguille ou épingle, puis comptés du Centre
par les Arcs, & le long du fil, vous trouverés 48 lieuës 2 tiers majeures, valant 2 deg.
26 min. pour la difference en Longitude vers
l'Oüeft ; ôtés les 2 deg. 26 min. de la Longitude partie 344 deg. 10 min. reftera 341 deg.
44 min. pour la Longitude arrivée, & ainfi
des autres Exemples de cette efpece.

Vous pouvés vous imaginer quelle Latitude & Longitude il vous plaira pour le lieu du
départ, & fupofer avoir couru à quelqu'autre
route, ou que la Variation foit plus grande ou
moindre, au refte vous agirés comme vous
venés de voir.

Nôtre Cercle de Proportion eft admirable.

T

pour faire connoître ce que chaque route a
valu felon la qualité de la Variation, car il
n'y a qu'à fe reculer du rumb de vent dont
on veut voir la valeur, conformément aux degrés de la Variation ; par exemple fi la Variation eft du côté du Nord-Eft de 8 deg. fi on
veut fçavoir ce que la route du Nord-Eft a valu, il ne faut que mettre une aiguille à 8 deg.

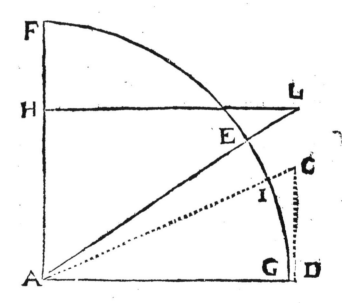

de la Fleur de Lys vers le Nord-Eft , puis
décendre la route du Nord-Eft, vers l'Eft de
8 deg. & fi la Variation étoit Nord-Oüeft ,
d'autant de degrés, la route du Nord-Eft fe
raprocheroit du Nord, & ainfi des autres ; cela

Vingtiéme Novembre. 1707,

est trop facile pour en faire un long discours.

Si nous avons dit dans les trois dernieres Propositions qu'il est necessaire auparavant que de trouver la Latitude & Longitude où l'on est arrivé, de sçavoir ce que chaque route a valu en particulier, cela ne vous doit pas empêcher de le faire dans toutes les Propositions qui précedent, car autrement vous vous tromperiés, & commétriés toûjours une erreur considerable dans la Longitude arrivée.

Je ne vous dis rien que je n'aye fait moi-même, quand j'ay navigué sur les Vaisseaux du Roy ou sur ceux des Marchands, & qui ne soit absolument necessaire dans la pratique de la Navigation ; vous en avés vû des raisons, lesquelles sont fort difficiles à détruire : Mais comme personne n'en disconvient, je conclus, & je dis, qu'il y a des Navigateurs qui ne sçavent trouver la Variation, ny même la coriger, & qui cependant navigent heureusement. Il en faut donner la gloire à Dieu & à leur bonheur, plûtôt qu'à leur capacité & adresse.

PRATIQUE.

L'Angle de la route selon 9 deg. de Variation Nord-Oüest, est le Oüest Sud Oüest, 2 deg. 15 min. plus Oüest.

A Latit. partie du côté du Nord - - 23 deg. 25 min,
H. Latit. arrivée du côté du Nord - 22 deg. 3 min.

T ij

A H Differ. en Lat. vers le Sud - 1 deg. 22 min.

H L Differ. en Longit. en lieuës - - 44 lie. 2 tiers.

F I Le moyen Paralelle est de 22 deg. 42 min. selon laquelle les 44 lieuës 2 tiers valent 2 deg. 26 min. pour la difference en Longitude vers l'Oüest.

A Longit. partie - - - - - - - - - 344 deg. 10 min.
A C Differ. en Longit. vers l'Oüest. 2 deg. 26 min.

C Longitude arrivée - - - - - - - 341 deg. 44 min.

A L le chemin sur la route est de 52 lieuës & demie.

PROPOSITION XXIX.

Vingt & uniéme Novembre. 1707.

Differ.
en Lat. Depuis le midy du 21. jusques à midy du
58 mi. 22. dudit mois, nous avons couru sur la rou-
Ampl. te du Oüest Sud Oüest d'un bon vent de Nord-
Sud du Est : mais ç'a été à cause de la Variation, &
Soleil. pour faire valoir la route du Sud-Oüest quart-
21-45. d'Oüest, d'autant que nous avons trouvé au
coucher coucher du Soleil 10 deg. 30 min. de Varia-
du Sol. tion Nord Oüest, nous avons fait au vray
du O. sur cette route 49
vers le
Sud.
11-15. Cette régle est l'aplication d'un Exemple
proposé dans les Academies de la Navigation,
Variat. à peu prés en ces termes.
N. O.
10-30. Je pars de 22 deg. 3 min. de Latitude Nord,

& de 341 deg. 47 min. de Longitude, j'ay
finglé fur la route du Sud-Oüeft quart d'Oüeft
jufques à la Latitude de 21 deg. 5 min. auffi
Nord, étant obligé de me fervir d'un Compas
dont la Variation eft de 10 deg. 30 min. du
côté du Nord-Oüeft : Je demande la route que
je dois tenir pour valoir celle du Sud-Oüeft
quart d'Oüeft, le chemin que je dois faire,
& la Longitude où je fuis arrivé.

Pratique de cét Exemple par le Cercle ou
Quartier de Proportion.

Pour refoudre cette Propofition & autres
femblables, il faut en premier lieu fouftraire
les deux Latitudes l'une de l'autre, fçavoir 22
deg. 5 min. Latitude arivée de 23 deg. 3 min.
Latitude partie, reftera 58 min. pour la difference en Latitude vers le Sud.

En fecond lieu, il faut confiderer que pour
faire valoir la route du Sud-Oüeft quart d'Oüeft,
la Variation étant de 10 deg. 30 min. du côté du Nord-Oüeft, qu'il faut bander le fil du
Cercle ou Quartier de Proportion au Oüeft
Sud-Oüeft 45 min. plus Sud.

Nôtre Cercle de Proportion, vous fera voir
clairement la chofe, & plus diftinctement que
tout le raifonnement que je vous en pourois
apporter.

La difference en Latitude étant donc trou-

vée de 58 min. il la faut compter sur le Nord
ou Sud du Cercle ou Quartier de Proportion,
& conduire le Paralelle qui termine cette difference en Latitude jusques au fil bandé, selon
le Oüest Sud Oüest 45 min. d'un degré plus
Sud, ou bien le Sud-Oüest quart d'Oüest 10
deg. 30 min. plus Oüest, & là piquer une
aiguille ou épingle, puis comptant du Centre
du Cercle ou Quartier de Proportion par les
Arcs le long du fil, on trouvera avoir fait 49
lieuës en cette route, puis comptant par les
travers, on remarquera avoir avancé au Oüest
45 lieuës, lesquelles il faut reduire en degrez
de Longitude, par la moyenne Latitude ou le
moyen Paralelle comme il ensuit.

Ajoûtés 22 deg. 3 min. Latitude partie,
avec 21 degré 5 min. Latitude arivée, le tout
fera 43 deg. 8 min. prenés la moitié de ce nombre, vous aurés 21 deg. 34 min. pour la moyenne Latitude ou le moyen Paralelle, cela fait.

Bandés le fil du Cercle ou Quartier de Proportion sur le quart de Cercle F G, commençant à compter du point G, jusques à 21 deg.
34 min. qui est la moyenne Latitude ou le
moyen Paralelle, le fil étant tendu de cette
sorte, comptés les 45 lieuës avancées au Oüest
sur la ligne A G, prise en cette rencontre pour
l'Equateur, & au bout de ces mêmes lieuës,
conduisés la Meridienne de bas en haut, jus-

Vingt & unième Novembre 1707.

ques au fil bandé par la moyenne Latitude ou
le moyen Paralelle , & piqués là une aiguille
ou épingle , & comptés du Centre ou Quartier de Proportion par les Arcs le long du fil,
vous trouverés 48 lieuës majeures, lesquelles

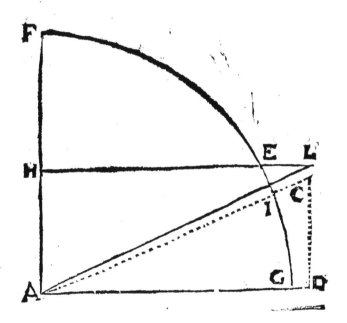

valent 2 deg. 24 min. pour la valeur des 45
lieuës au Oüest , ce qui s'apelle différence en
Longitude vers l'Oüest , ce qui parconséquent
étant ôté , selon la VI Maxime de la XLI.
Proposition de ce Livre , de 341 deg. 44 min.
Longitude partie , reste 339 degrez 20 mi-

Vingt & uniéme Novembre. 1707.

nutes pour la Longitude arivée.

Les autres Exemples de cette espéce se doivent resoudre de même que celle-cy.

P R A T I Q V E.

Pour faire valoir la route du Sud-Oüest quart
d'Oüest, selon 10 deg. 30 min. de Variation Nord-
Oüest, il faut bander le fil du Cercle ou Quartier
de Proportion au Oüest Sud Oüest 45 minu. plus
Oüest, c'est-à-dire au Sud-Oüest quart d'Ouest, 10
deg. 30 min. plus Ouest.

A Latitude partie du côté du Nord. 22 deg. 3 min.
A H Differ en Latitude vers le Nord 21 deg. 5 min.

A H Differ. en Latit. vers le Sud 0 deg. 58 min.

H C Difference en Longitude en lieuës. · · 45 lieuës

F I La moyenne Latitude on le moyen Paralelle 21
deg. 34 miu selon laquelle les 45 lieuës avancées
au Ouest, valent 2 deg. 24 miu. pour la différence
en Longitude vers l'Ouest.

A Longitude partie - - - - - - 341 deg. 44 min.
A C Differ. en Longit vers l'Ouest 2 deg. 24 min.

C. Longitude arrivée - - - - - - - 339 deg. 10 min.

A L Le chemin fait en route, est de - - 49 lieuës.

F On peut apliquer le Centre du Cercle ou
Quartier de Proportion, à toutes sortes de Latitudes & de Longitudes pour le point de partance,

tance, & supofer quelqu'autre route à faire
valoir, fur laquelle on peut avoir fait un autre nombre de lieuës, mais au refte il faut agir
comme vous venés de voir.

Par ce dernier Exemple, on peut bien faire
le difcernement de ce, la plûpart des Pilotes
prennent par une feule & même chofe, de
fçavoir ce que la route a valu, ou de faire valoir une route ; car fi on confidere ce que nous
avons dit cy-devant, on reconnoîtra que la
Variation étant du côté du Nord-Oüeft comme nous l'avons fupofé en cét Exemple, & d'autant de degrez, fçavoir 10 deg. 30 min. que
la route auroit valu le Sud-Oüeft quart d'Oüeft
10 deg. 30 min. plus Sud, qui eft prefque le
Sud-Oüeft ; au lieu que nous trouvons ici qu'il
faut bander le fil du Cercle ou Quartier de
Proportion, fur le Oüeft Sud-Oüeft 45 min.
plus Sud, pour faire couper la difference en
Latitude avec le fil bandé, felon 10 deg. 30
min. de Variation Nord-Oüeft ; fi bien, que
fans être obligé de repeter le même difcours
que nous avons fait aux pages précedentes de
cette feconde Partie pour faire valoir la route,
comme pour fçavoir ce que la route a vaki,
Il ne faut qu'entendre le contraire, c'eft-à-dire
que la Variation étant du côté du Nord-Eft
d'un quart de rumb de vent, & voulant fçavoir ce que la route du Nord-Eft auroit valu,

V.

on trouveroit qu'elle feroit le Nord·Eft quart
d'Eft ; & au contraire, fi on vouloit faire valoir la route du Nord-Eft fur le Compas de Variation, étant de pareil nombre de degrez &
du même côté, il faudroit gouverner au Nord-
Eft quart de Nord , & pointer fur fa Carte ou
fur fon Cercle ou Quartier de Proportion, la
route du Nord Eft quart de Nord.

Si on me demande à quoy fert à un Pilote
de fçavoir faire valoir une route, eft-ce qu'il
ne lui fuffit pas de fçavoir ce que la route fur
laquelle il a été, a valu pour par la difference
en Latitude , ou par les lieuës eftimées fur quelques rumbs de vent, trouver la Latitude &
Longitude où il eft arivé.

Je répons qu'on peut pointer le chemin qu'on
a fait fur toutes les routes fur lefquelles on a
été, eftimant ce que les routes ont valu en
particulier jufques à la Latitude d'une terre ou
Ifle qu'on veut aller aborder : mais qu'aprés on
doit faire valoir la route de l'Eft ou du Oüeft,
afin de demeurer toûjours fous le Paralelle de
ladite terre ou Ifle.

Je ne fçai fi je m'explique affés, mais enfin
je veux dire qu'un Pilote partant de Oüeffant,
& voulant aller à la Martinique , peut & doit
eftimer ce que chaque route lui a valu en particulier felon la Variation, pour trouver le plus
exactement qu'il peut, la Latitude & Longi-

Vingt & uniéme Novembre. 1707.

tude où il est arrivé chaque jour, & doit faire cela jusques à la Latitude de la Martinique; & aprés qu'il doit faire valoir la route du Oüest, afin d'aborder ladite Isle ; c'est pourquoy il faut qu'un Navigateur sçache non seulement ce que la route sur laquelle il a été a valu, mais même qu'il entende parfaitement comme il faut faire valoir une route.

PROPOSITION XXX.

Vingt-deuxiéme Novembre. 1707.

Depuis le midy du 22. jusques à midy du 28. dudit mois, nous avons couru au Sud-Oüest quart d'Oüest d'un bon vent de Nord-Est, médiocrement fort, & fait au vray . . . .

Longit.
330. 4.

Lat. ob
15. 10.
213 li.

Cette Proposition est l'aplication d'un Exemple proposé à peu prés en ces termes, dans les Academies Royales de la Navigation.

Je pars de 21 deg. 5 min. de Latit. Nord, & de 339 deg. 23 min de Longitude, j'ay tenu la route du Sud-Oüest quart d'Oüest jusques à la Latitude de 15 deg. 10 min. aussi Nord : Je demande le chemin que j'ay fait, & la Longitude où se suis arivé.

Vingt-deuxiéme Novembre 1707.

Pratique de cét Exemple par le Cercle
ou Quartier de Proportion.

Pour refoudre cette Propofition & autres
femblables, conformés-vous aux 9. & 10.
Propofitions de cette feconde Partie, c'eft-à-
dire, ôtés premierement les deux Latitudes
l'une de l'autre, fçavoir 15 deg. 10 min. Latitude arivée, de 21 deg. 5 min. Latitude partie, reftera 5 deg. 55 min. pour la difference
en Latitude vers le Sud, comptés les 5 deg.
55 minutes fur le côté du Nord & Sud du
du Cercle ou Quartier de Proportion, & conduifés le Paralelle qui termine cette difference en Latitude, jufques au Sud-Oüeft quart
d'Oüeft, & là piqués une aiguille ou épingle ;
puis comptés par les Arcs & du Centre du
Cercle ou Quartier de Proportion, vous trouverés avoir fait en route 213 lieuës, & comptant par les travers, vous trouverés 177 lieuës
avancées au Oüeft, lefquelles feront reduites
en deg. & minutes de Longitude, felon la
moyenne Latitude ou le moyen Paralelle,
comme il enfuit.

Ajoûtés 21 deg. 5 min. Latitude partie,
avec 15 deg. 10 min. Latitude arivée, vous
aurés 36 deg. 15 min. dont la moitié fera 18
deg. 8 min. pour la moyennee Latitude ou
le moyen Paralelle ; cela fait.

Vingt deuxiéme Novembre. 1707.

Bandés le fil sur cette moyenne Latitude ou le moyen Paralelle 18 deg. 8 min. sur le Cercle ou Quartier de Proportion, depuis le point G allant vers F, puis comptés les 177 lieuës avancées à l'Oüest sur la ligne A G, ce qui ne se peut faisant valoir chaque petit careau pour 4 lieuës, c'est pourquoy il faut prendre la moitié de 177 lieuës & demie qui est 88 lieuës & demie, & les compter sur la ligne A G, & au bout de ces mêmes lieuës, conduisés la Meridiene de bas en haut jusqu'à ce qu'elle aille couper le fil bandé par la moyenne Latitude ou le moyen Paralelle, & piqués là une aiguille ou épingle, & comptés sur les Arcs le long du fil du Cercle ou Quartier de Proportion, vous trouverés 185 lieuës & demie Majeures, lesquelles valent 9 deg. 16 min. ce qui s'apelle difference en Longitude vers l'Oüest, ce qui faut ôter de 339 deg. 23 min. Longitude partie, restera 330 deg. 4 minutes pour la Longitude arivée, ce qu'on doit poser à côté de son Journal en la maniere que vous pouvés voir cy-devant, avec la Latitude observée, & les lieuës du chemin du Navire.

Les autres Exemples de cette espece se doivent resoudre comme celuy-cy.

Notés que quand on n'a pas la Latitude observée plusieurs jours suivans, & qu'on continuë toûjours la même route qu'on peut aprés

avoir obfervé la Latitude, voir le chemin que
le Navire a fait, & la Longitude où l'on eft
arivé bien plus exactement que non pas les
jours qu'on ne navigue que par eftime, quoy
qu'il faille toûjours eftimer le lieu où l'on eft
chaque jour, comme nous avons dit cy-devant.

J'ay crû cette Propofition neceffaire à fçavoir à un Pilote, pour la conftruction de fon
Journal, afin de luy faire voir tout ce qui fe
peut mettre en pratique ; fi j'ay paffé 6 jours
tout d'un coup, ç'a été afin d'avoir plûtôt
achevé le Voyage, d'autant que je ne vois
plus que la Propofition du 3. de Decembre
qui fuit, laquelle puiffe tomber en pratique,
& dont nous donnons les Leçons à ceux qui
nous font l'honneur de nous venir voir.

J'aurois dû pratiquer la 3. Corection en
cette derniere Propofition, fi je ne l'ay pas fait,
ç'a été, premierement, parce qu'on ne doit
pas tout à fait s'apuyer fur fon eftime, puis
qu'elle eft fujette à caution, quelque foin qu'on
puiffe aporter pour bien eftimer le chemin d'un
Navire. En fecond lieu, je n'ay point prati-
qué la 2. Corection, parce que je ne trouve-
rois jamais lieu de mettre en pratique la Propofition que tous les Auteurs anciens ou modernes, qui ont écrit de la Navigation, donnent, par le moyen de laquelle, ayant la difference en Latitude & du rumb de vent fur le-

Vingt-deuxiéme Novembre 1707.

quel on a été, on trouve le chemin qu'un Navire a fait & la Longitude où il est arivé; jugés si ma pensée est bonne.

Nous avons sondé à midy de ce jour, d'autant que nous avons vû des Crabes sur l'eau, & des broüillards de marées, nous avons trouvé 40. brasses d'eau, sable menu, & quelques petites coquilles, nous étions par estime à 250 liües à l'Est, un peu au Nord de la Martinique; mais comme nous ne sçavons pas au vray la Longitude où nous sommes arivés, à cause de la quantité des routes sur lesquelles nous avons singlé, nous verrons par la route & le chemin que nous ferons de cét endroit jusques à ladite Isle Martinique, qui nous donnera plus précisément la Long tude, si elle vient la même; c'est une assûrance que toutes les routes sur lesquelles nous avons singlé, ont été bien prises, & que le chemin qu'on a donné au Navire a été fort exactement estimé.

PROPOSITION XXXI.

Vingt-huitiéme Novembre 1707.

Depuis le midy du 28. jusques à midy du 29. dudit mois, nous avons couru sur la route du Oüest jusques à minuit dudit jour, au Oüest quart Sud Oüest jusqu'à midy dudit 29. d'un vent égal de Nord Est, assés fort, & fait par estime 30 lieües sur chaque rumb de vent ....

Longit.
328.00

Lat. E.
14- 53.

60 lie.

JOURNAL
Vingt huitiéme Novembre. 1707.

Pratique de l'Exemple proposé à peu prés de cette forte, dans les Academies de la Navigation.

Je pars de 15 deg. 10 minutes de Latitude Nord, & de 330 deg. 4 min. de Longitude, j'ay fait 30 lieuës au Ouëst, & au Oüeft quart Sud-Oüeft autres 30 lieuës, il est question de sçavoir par quelle Latitude & Longitude je suis arivé.

Pratique de cét Exemple par le Cercle ou Quartier de Proportion.

Pour resoudre cette Proposition & autres semblables, il faut en premier lieu réduire 30 lieuës au Oüeft en deg. de Longitude selon la Latitude partie, puisque l'on a premierement couru au Oüeft 30 lieuës, & en second lieu, pointer les 30 autres lieuës sur la route du Oüeft quart Sud Oüeft, comme vous allés voir.

Bandés le fil du Cercle ou Quartier de Proportion sur le quart de Cercle F G; commençant à compter du point G jusques à 15 deg. 10 min. qui est la Latitude partie, & qui sert, si vous voulés, de moyenne Latitude; comptés les 30 lieuës au Oüeft sur la ligne A G prise en ce rencontre pour l'Equateur, & au bout de ces mêmes lieuës, conduisés la Meridiene de bas en haut jusques au fil bandé par la Latitude partie, & là piqués une petite

petite aiguille ou épingle, puis comptés du
Centre du Cercle ou Quartier de Proportion
par les Arcs le long du fil bandé comme deffus, vous trouverés 31 lieuës majeures ou 1 degré
33 min. en Longitude pour la valeur des 30
lieuës au Oüeft; ce degré 33 min. étant ôté de
330 deg. 4 min. Longitude partie, refte 328
deg. 31 min. pour la Longitude arivée à minuit du vingt-huitiéme.

Il faut à prefent pointer fur le Cercle ou
Quartier de Proportion les 30 autres lieuës
qu'on a faites fur la route du Oüeft quart Sud-
Oüeft jufques à midy du 29, en cette forte.

Comptés fur l'Oüeft quart Sud-Oüeft par
les Arcs, & du Centre du Cercle ou Quartier
de Proportion, les 30 lieuës faites fur cette route, & là où ils finiront piqués une aiguille ou
épingle, puis comptés de bas en haut fur les
Meridienes, vous trouverés 5 lieuës 2 tiers
au Sud ou 17 min. pour la difference en Latitude vers le Sud, ce que vous devés ôter de
15 deg. 10 min. Latitude partie, reftera 14
deg. 53 min. pour la Latitude arivée.

Aprés comptés par les travers & Paralelle
à la ligne A G, vous trouverés 29 lieuës &
demie au Oüeft pour la difference en Longitude, lefquelles il faudra reduire en deg. &
min. de Longitude par la moyenne Latitude
ou le moyen Paralelle, comme il enfuit.

X

Vingt-huitiéme Novembre. 1707.

Ajoûtés 15 deg. 10 min. Latitude partie, avec 14 deg. 53 min. Latitude arivée, le tout fera 30 deg. 3 min. prenés la moitié de ce nombre, vous aurés 15 deg. 2 min. pour la moyenne Latitude ou le moyen Paralelle ; cela fait.

Bandés le fil du Cercle ou Quartier de Proportion par la Latitude du moyen Paralelle 15 deg. 2 min. sur le quart de Cercle F G, commençant à compter du point G jusques à 15 deg. 2 min. moyen Paralelle, tenant le fil tendu de cette forte, comptés les 29 lieuës & demie avancées au Oüeft sur la ligne d'Eft ou Oüeft A G, & conduisés la Meridienne qui termine ces mêmes lieuës jusques au fil bandé, & là piqués une aiguille ou épingle, puis comptés du Centre du Cercle ou Quartier de Proportion par les Arcs le long du fil, vous trouverés 30 lieuës & demies majeures, ou un deg. 31 min. pour la difference en Longitude vers l'Oüeft, ce qu'il faut ôter de la derniere Longitude trouvée à minuit du 28. fçavoir, 328 deg. 31 min. reftera 328 deg. pour la Longitude arivée le 29. Novembre, ce qu'il faut mettre à côté de vôtre Journal avec la Latitude eftimée, & les lieuës en route, comme vous voyés cy devant.

Les autres Exemples de cette efpece fe doivent réfoudre comme celuy-cy, fupofant être

party d'une autre Latitude & Longitude, &
avoir couru fur d'autres rumbs de vent.

On me demandera peut-être, pourquoy je
n'ay pas tenu la route du Oüeft quart Sud-
Oüeft, depuis le midy du 28. jufques à midy
du 29. auffi bien comme d'avoir été une partie du jour au Oüeft, & l'autre au Oüeft
quart Sud-Oüeft.

Je répons à cela, que comme je fuis encore fort à l'Eft de la Martinique, je dois courir aux rumbs de vent, lefquels me font davantage avancer en Longitude, afin de m'a-
procher le plus qu'il m'eft poffible du lieu où
je prétens aller, de peur que les vents ne chan-
gent & ne vienne devant ; car fi j'avois fait
gouverner tout le jour au Oüeft quart Sud-
Oüeft, je n'aurois pas tant avancé en Longitude, & ainfi le vent venant au Oüeft, je ferois plus éloigné du lieu où je veux aller ; fi
c'étoit que je fuffe fort prés de la Martinique,
pour lors je ferois obligé de faire gouverner
aux rumbs de vent, par lefquels je leverois
ma Latitude & ma Longitude par une feule
route : Je crois que les Pilotes entendent bien
ce que je dis, & s'il y en a qui trouvent de la
difficulté fur ce que j'avance, ils n'ont qu'à
confiderer que j'aurois pû aller au Sud jufques
à la Latitude de la Martinique, qui eft 14.
deg. 30 min. en faifant 7 lieuës 2 tiers du

Vingt huitiéme Novembre. 1707.

lieu où je fuis, & fi le vent étoit venu au
Oüeft, aprés cela ne feroit-il pas vray que je
n'aurois rien avancé en Longitude, c'eft-à-dire vers la Martinique, & que j'en ferois encore auffi loin aprés avoir fait 7 lieuës 2 tiers,
comme fi je n'avois pas changé de place, ex-
cepté que je me ferois mis en Latitude de
ladite Ifle.

Cette Propofition & la fuivante, enfeignent
comme on fe doit comporter lors que pour
aller d'un lieu à un autre, la route fe trouve
juftement au milieu des deux rumbs de vent,
& fi une route ne prend que quelques degrés
d'un air de vent vers un autre ; Voyés ce qu'il
faut faire en la Page 134. de la premiere Partie de ce Livre.

PROPOSITION XXXII.

Vingt-neuviéme Novembre 1707.

Depuis le midy du 29. *jufques à minuit
dudit jour, nous avons couru fur la route du
Oüeft* 30 *lieuës, & jufques à midy du* 30.
*& dernier jour de Novembre au Oüeft quart
Sud Oüeft, autres* 30 *lieuës d'un bon vent de
Nord-Eft affés fort, & fait par eftime* . . . .

Long
324.

Lat.
14.3

Lat.
14.3

60 l

Pratique de l'Exemple propofé à peu prés
de cette forte dans les Academies Royales de
la Navigation.

Vingt-neuviéme Novembre. 1707.

Je pars de 14 deg. 53 minutes de Latitude
Nord, & de 328 deg. de Longitude, j'ay 60
lieuës à faire au milieu du Oüeſt & du Oüeſt
quart Sud-Oüeſt : Je demande comme il faut
accommoder ces deux routes, où il faut gouverner ſur le Compas pour valoir la moitié de
ces deux rumbs de vent, & par quelle Latitude & Longitude je ſuis arivé.

Pratique de cét Exemple par le Cercle ou
Quartier de Proportion.

Pour reſoudre cette Propoſition & autres
ſemblables, il faut commencer par la reduction des 30 lieuës au Oüeſt en deg. & min.
de Longitude ſelon la Latitude partie, & finir
en conſiderant ce que les 30 lieuës au Oüeſt
quart Sud-Oüeſt, ont valu en Latitude &
Longitude, afin de ſçavoir par quelle Latitude & Longitude on eſt arivé.

Bandés le fil du Cercle ou Quartier de Proportion ſur le quart de Cercle F G, commençant à compter du point G juſques à 14 deg.
53 min. qui eſt la Latitude partie, & qui ſert
ſi vous voulés de moyen Paralelle ; comptés
les 30 lieuës au Oüeſt ſur la ligne A G, priſe
en cette rencontre pour l'Equateur ; & au
bout de ces mêmes lieuës, conduiſés la Meridiene de bas en haut juſques au fil bandé
par la Latitude partie, & là piqués une petite

aiguille ou épingle, puis comptés du Centre du
Cercle ou Quartier de Proportion, par les Arcs
le long du fil bandé comme deſſus, vous trou-
verés 31 lieuës majeures ou 1 deg. 33 min. en
Longitude pour la valeur des 30 lieuës au
Oüeſt, ce deg. 33 min. étant ôté de 328 deg.
Longitude partie, reſte 326 deg. 29 minutes
pour la Longitude arivée à minuit du 29.

Il faut à preſent pointer ſur le Cercle ou
Quartier de Proportion, les 30 lieuës qu'on
a faites ſur la route du Oüeſt quart Sud-Oüeſt,
juſques à midy du 30 & dernier dudit mois,
en cette ſorte.

Comptés ſur l'Oüeſt quart Sud-Oüeſt par
les Arcs le long du fil, & du Centre du Cercle ou Quartier de Proportion, les 30 lieuës
faites ſur cette route, & là où ils finiront piqués une aiguille ou épingle, puis comptés
de bas en haut ſur les Meridienes, vous trouverés 5 lieuës 2 tiers au Sud ou 17 min. pour
la difference en Latitude vers le Sud, ce que
vous ôterés de la Latitude partie, 14 deg. 53
min. reſtera 14 deg. 36 min. pour la Latitude
arivée à midy du dernier jour de Novembre.

Aprés comptés par les travers & Paralelle à
la ligne A G, vous trouverés 29 lieuës & demie au Oüeſt pour la difference en Longit. leſquelles il faut reduire en deg. & min. de Longit. par le moyen Paralelle, comme il enſuit.

Vingt-neuviéme Novembre 1707.

Ajoûtés 14 deg. 53 min. Latitude partie, avec 14 deg. 36 min. Latitude arivée, le tout fera 29 deg. 29 min. dont la moitié fera 14 deg. 44 min. pour le moyen Paralelle, selon laquelle il faut réduire les 29 lieuës & demie au Oüest en deg. & min. de Longitude, comme il enfuit.

Bandés le fil du Cercle ou Quartier de Proportion par la Latitude du moyen Paralelle 14 deg. 44 min. fur le quart de Cercle E D, commençant à compter au point E jufques à 14 deg. 45 min. moyen Paralelle; tenant le fil bandé de cette forte, comptés les 29 lieuës & demie avancées au Oüest fur la ligne d'Eft ou Oüeft A G, & conduifés la Meridiene qui termine ces mêmes lieuës jufques au fil bandé, & là piqués une aiguille ou épingle, puis comptés du Centre du Cercle ou Quartier de Proportion par les Arcs, & le long du fil, vous trouverés 30 lieuës & demies majeures ou 1 deg. 31 min. pour la difference en Longitude vers l'Oüeft, ce qu'il faut ôter de la derniere Longitude trouvée à minuit, fçavoir 324 deg. 58 min. reftera 324 deg. 58 min. pour la Longitude arivée le 30. & dernier Novembre à midy, ce qu'il faut mettre à côté de vôtre Journal, avec la Latitude eftimée, la Latitude obfervée & les lieuës en route, comme vous voyés cy-devant.

Vingt-neuvième Novembre. 1707.

Les autres Exemples de cette espece se
doivent résoudre comme celuy-cy, afin d'a-
voir la Latitude & Longitude, supposant avoir
singlé sur d'autres rumbs de vent.

PROPOSITION XXXIII.

Trentiéme Novembre. 1707.

Depuis le midy du dernier jour de Novembre
jusques à midy du premier Decembre, nous Long.
avons couru au Oüest d'un vent médiocre de 323.
Nord - Eſt⅓, & fait au vray . . . . 30 li.

Cette Proposition est l'aplication d'un Exem- Lat.
ple proposé à peu piés en ces termes, dans 14. 30
les Academies Royales de la Navigation.

Je demande combien 30 lieuës d'Eſt ou
Oüeſt, valent de deg. & min. en Longit. étant
faites par la Latitude de 14 deg. 30 min.

Pratique de cét Exemple par le Cercle ou
Quartier de Proportion.

Bandés le fil du Cercle ou Quartier de Proportion sur le quart de Cercle F G, commençant à compter du point G, jusques à 14 deg.
30 min. qui est la Latitude sous laquelle on
a fait les 30 lieuës au Oüeſt, & qui sert en
cette rencontre de moyen Paralelle, comptés
enfuite

Trentiéme Novembre. 1707.

enfuite les 30 lieuës au Oüeft fous la ligne
A G, prife par l'Equateur , & au bout de
ces mêmes lieuës , conduifés la Meridienne
de bas en haut jufques au fil bandé par la Latitude partie, & la piqués une Aiguille ou Epingle , puis comptés du Centre du Cercle ou
Quartier de Proportion par les Arcs , & le
long du fil bandé comme deffus , vous trouverés 31 lieuës majeures , ou 1. degré 33 min.
en Longitude , pour la valeur des 30 lieuës
au Oüeft , ce qu'on apelle difference en Longitude , laquelle difference étant ôtée de la
Longitude partie 324 deg. 58 min. refte 323 deg.
25 min. pour la Longitude arrivée à midi du
premier Décembre qui , faut pofer à côté de
vôtre Journal avec la même Latitude 14 deg.
30 minutes , puifqu'elle a été obfervée.

Si on avoit trouvé de la difference en Latitude ayant finglé fur la route du Oüeft , il
auroit falu que le mauvais gouvernement eût
produit cela , ou la Variation , c'eft à quoi il
faut qu'un Pilote ait beaucoup d'égard.

PROPOSITION XXXIV.

Premier Décembre 1707.

Depuis le midi du premier jour de Decem-   Longit.
bre jufques à midi du fecond , nous avons finglé 321.54

X

Premier Décembre. 1707.
sûr la route du Oüest d'un vent mediocre de
N. E. & fait par estime. 30

Pratique de cette Exemple proposée dans Lat....
les Ecolles de Navigation en ces termes. ; 14.

J'ay fait à l'Oüest 30 lieuës : je demande
combien elle valent de deg. & min. en Longitude par la Latitude de 14 deg. 30 minutes.

Cette Proposition étant semblable à la
précedente, il n'est necessaire seulement que
de dire qu'il faut ôter 1 degré 33 min. valeur
des 30 lieuës au Oüest de la Longitude derniere, sçavoir, 323 deg. 25 min. restera 321
degré 52 min. pour la Longitude arrivée le
deuxiéme jour de Décembre, ce qui faut poser
dans son Journal comme vous le voyez cy-
devant avec la Latitude observée 14 deg. 30
min. & les 30 lieuës du chemin.

PROPOSITION XXXV.

Deuxiéme Décembre. 1707.

Depuis le midi du deuxiéme jusques à midi 319.
du troisiéme dudit mois, nous avons singlé au Lat.
Oüest d'un vent mediocre de Nord-Est & fait 14-3
par estime .... 30 li

Pratique de l'Exemple proposé dans les
Ecoles de Navigation en ces termes.

Deuxiéme Décembre 1707.

J'ai fait 30 lieuës à l'Oüest sous la Latitude de 14 deg. 30 min. Je demande combien elles valent de degrez & minutes en Longitude.

Cette Proposition est encore semblable aux deux précedentes, c'est pourquoi il ne faut que soustraire 1 degré 33 min. valeur des 30 lieuës au Oüest de 321 deg. 53 min. Longitude derniere, restera 319 deg. 59 min. pour la Longitude arrivée le troisiéme jour de Décembre à midy, ce qu'on doit poser dans son Journal avec la Latitude observée, & les lieuës en route comme on voit cy-devant.

Considerant sur la Carte le point où l'on est, c'est-à-dire faisant rencontrer les pointes de deux Compas, une sur 14 deg. 30 min. de Latitude, & l'autre sur 319 deg. 50 min. de Longitude, on trouveroit être encore à 28 ou 30 lieuës à l'Oüest de la Martinique, ce qui doit obliger de faire bon quart, & de veiller afin de ne pas passer ladite Isle, ainsi que plusieurs ont fait ; ce qui ne peut être attribué qu'à leur Latitude qui n'étoit pas bonne.

PROPOSITION XXXVI.

Troisiéme Decembre 1707.

Depuis le midy du troisiéme jusques à midy du quatriéme dudit mois, nous avons singlé sur

Troisième Decembre. 1707.
la route du Oüeſt, d'un bon vent de N. E. &
fait par eſtime. 48

Pratique de cét Exemple, propoſé dans les
Ecóles de la Navigation en ces termes.

Je pars de 14 deg. 30 min. de Latitude
Nord, j'ay ſinglé ſur la route du Oüeſt 48
lieuës : Je demande par quelle Latitude &
Longitude je ſuis arrivé.

Je n'ay que faire de vous dire comme il faut
reſoudre cette propoſition, puiſqu'elle eſt tout
à fait ſemblable aux trois précédentes, c'eſt-à-
dire, que les 48 lieuës au Oüeſt, valent 2
deg. 30 min. en Longitude, leſquelles ôtées
de la Longitude derniere 319 deg. 59 min.
reſte 317 deg. 29 min. pour la Longitude arrivée, qu'il faut mettre dans ſon Journal avec
la Latitude obſervée, & les lieuës faites en
route comme vous l'avés vû.

Vous remarquerés, que le jour nous euſſions
dû voir la terre, quoy que cependant nous ne
l'avons point vûë, ce qui eſt une marque que
nous nous ſommes faits plus de l'avan que nous
ne ſommes, ce qui n'eſt pas un mal, mais plûtôt
un grand bien, d'autant qu'un Pilote ſe doit toûjours faire de l'avan, pour éviter d'aborder la
terre plûtôt qu'il ne penſe, ainſi qu'on a vû
pluſieurs Exemples.

PROPOSITION XXXVII.

Depuis le midy du troisiéme jusques à midy du quatriéme dudit mois, nous avons singlé au Oüest d'un petit vent de Nord-Est, & fait par estime. . . . . 30 *lië*

En ce moment, la Martinique étoit à l'Oüest de nous environ 4 lieuës, reprenant les lieuës que nous avons faites depuis le 22 à midy, & la route du Oüest un peu Sud, & faisant une Proposition de tout avec la Latitude & Longitude de la Martinique où nous sommes arivés, nous trouverons que le Banc sur lequel nous avons fondé, étoit par la Latitude de 15 deg. 10 min. du côté du Nord, & par 335 deg. 38 min. de Longitude; voicy la maniere de proceder à cette affaire.

PROPOSITION XXXVIII.

Quatriéme Décembre 1707.

Le quatriéme Décembre 1707. je suis arivé à la Martinique qui est par 14 deg. 30 min. de Latitude Nord, & par 317 deg. 10 min. de Longitude, après avoir fait la route du Oüest 3 deg à peu prés vers le Sud 288 lieuës : Ie demande de quelle Lat. & Longit. je suis parti ?

JOURNAL
Quatriéme Décembre 1707.

Vous ‚pouvés faire l'aplication d'une regle
semblable à celle qui vous est enseignée dans
les Ecoles Roïales de Navigation ‚ & qu'on
vous propose à peu prés en ces termes.

Je pars de je ne sçay quelle Latitude ny
Longitude, mais je sçay que j'ay fait sur la
route du Oüest 3 deg. plus sud 288 lieuës, &
que je suis arrivé par 14 deg. 30 min. de Latitude Nord, & par 317 deg. 10 min. de Longitude : Je demande de quelle Latitude & Longitude je suis parti.

Pratique de cét Exemple par le Cercle ou
Quartier de Proportion.

Pour resoudre cette Proposition , & autres
semblables, il faut bander le fil du Cercle ou
Quartier de Proportion sur la route du Oüest
prenant 3 deg. 30 min. du côté du Sud, puis
compter les 288 lieuës sur le fil bandé, ce qui
ne se peut, c'est pourquoi il faut prendre la
moitié ou le quart ou le huitiéme , des 288
lieuës, il viendra la moitié , le quart ou le
huitiéme des lieuës de difference en Latitude
& en Longitude ; si on prend le quart des 288
lieuës, ce sera 72, lesquelles étant pointées sur
le fil bandé comme dessus , en attachant une
Aiguille au bout de ces lieuës, on trouve que
comptant sur les Meridiennes de bas en haut ,
on trouve dis-je avoir élevé 10 min. en Lati-

tude vers le Sud, qui n'est que le quart de la difference en Latitude, puis qu'on n'a pris que
le quart des lieuës faites en route : si bien que
multipliant les 10 min. par 4, font 40 min.
pour la difference en Latitude, vers le Sud : Or
comme on a couru sur la route du Oüest 3 deg.
plus Sud, il est certain qu'on dépend de plus
Nord & portant d'une plus grande Latitude ;
c'est pourquoi il faut ajoûter les 40 min. de difference en Latitude avec la Latitude arrivée 14
deg, 30 min, le tout donnera 15 deg. 10 min,
pour la Latitude partie.

Pour avoir la Longitude partie, il faut compter par les travers Parelelle à la ligne A G,
jusques à l'Aiguille, on trouvera avoir avancé
au Oüest 74 lieuës qui n'est que le quart des
lieuës avancées au Oüest lesquelles par conse-
quent multipliées par 4, produisent 296 lieuës
avancées au Oüest qu'il faut reduire en deg. par
le moyen Paralelle en cette sorte.

Ajoûtés 14 deg. 30 min. Latitude arrivée,
avec 15 deg. 10 min. Latitude partie, le tout
fera 29 deg. 40 min. dont la moitié sera 14
deg. 50 min. pour le moyen Paralelle, cela fait.

Bandés le fil du Cercle ou Quartier de Proportion, par la Latitude de 14 deg. 50 min.
moyen Paralelle sur le quart de Cercle F G,
commençant le compte des deg. au point G,
comptés ensuite le quart des 296 lieuës au

Oüeſt qui eſt 74 lieuës ſur la ligne AG, priſe
en ce rencontre pour l'Equateur, & au bout
de ces lieuës, élevés une ligne à plomb &
Paralelle à la premiere Meridienne AF, juſques à ce qu'elle coupe le fil bandé par le
moyen Paralelle, & en ce point piqués une
aiguille ou épingle, puis comptés du Centre
du Cercle ou Quartier de Proportion le long
du fil, vous trouverés 77 lieuës un tiers majeures ou 3 deg. 52 min. pour le quart de la
difference en Longitude vers l'Oüeſt, ſi bien
que multipliant les 3 deg. 52 min. par 4, ou
bien les ajoûtant 4 fois, il vient 15 deg. 28
min. pour la difference en Longitude vers
l'Oueſt : Or comme on eſt arrivé à 317 deg.
10 min. de Longitude, & que pour y arriver
il a falu ſingler vers l'Oüeſt, il eſt certain que
l'on vient de plus Eſt, & partant d'une plus
grande Longitude, ce qui aſſure qu'il faut
ajoûter la difference en Longitude 15 deg. 28
min. avec 317 deg. 10 min. Longitude arrivée, pour avoir celle d'où l'on eſt parti 332
deg. 38 min.

La Latitude 15 deg. 10 min. Nord, & la
Longitude de 335 deg. 38 min. eſt le lieu où
doit être le Banc que nous avons reconnu le
vingt-huitiéme Novembre à midy, ce qui eſt
plus aſſuré à cauſe du peu de route & chemin qu'on a fait depuis ce jour, car il eſt in-
conteſtable

conteftable qu'on ne peut pas tant fe tromper
dans une petite courfe que dans une grande ,
donc que les Pilotes ne fe faffent pas une affaire de demander la Latitude & Longitude d'un
Navire, qu'il n'y a que deux ou trois jours
qui eft party d'une terre , lorfqu'il y a peut-
être deux ou trois mois qu'il eft en mer ; c'eft
pourquoy on s'en doit plûtôt raporter à ce
Vaiffeau nouvellement party de chés luy , que
non à ce qu'on a fait , pourvû qu'on agiffe de
bonne foy, & qu'il n'y ait point de furprife.

Si on avoit eu la difference en Latitude avec
une route feule , depuis le départ dudit Banc,
la Longitude auroit encore été trouvée plus
exactement.

On me dira , je veux croire qu'il n'eft pas
neceffaire de faire une remarque , puifque fur
le Banc que nous avons trouvé , il y a beaucoup plus d'eau qu'il n'en faut pour paffer le
plus grand Navire qui foit en France , fi c'é-
toit une roche , un écüeil ou un Banc qui affé-
chât , alors les remarques feroient abfolument
neceffaires, & on en devroit faire mention dans
fon Journal, pour le mettre entre les mains
de Meffieurs les Officiers de l'Amirauté au
retour de leurs Voyages.

Je répons, que quoy qu'il y ait plufque fu-
fifamment de l'eau pour faire Naviguer le plus
grand Vaiffeau qui fe voye ; cela n'empéche

Z

pas qu'on ne doive ſçavoir le plus exactement
qu'il eſt poſſible, la Latitude & Longitude
où demeure ledit Banc, d'autant que cela ſert
à aſſurer les Pilotes que lorſqu'ils ſe trouveront
ſur ce Banc, ils ſeront encore à 288 lieuës à
l'Oüeſt, un peu au Nord de l'Iſle de la Martinique.

Depuis le midy du Quatriéme Decembre,
nous avons ſinglè ſur la terre, & l'avons rangée
aſſez proche environ à une portée d'un piſtolet
d'une roche apelkée le Preſcheur, qui eſt du côté
du Nord de la Martinique, tout joignant la-
dite Iſle; enfin nous ſommes moüillez ſur les
cinq heures du ſoir à la Rade du Fort S. Pierre,
qui eſt environ à une portée de mouſquet dudit
Fort: au S. O. de lay on eſt moüillé tout à
terre, à la longueur d'un Cable ou d'un demy-
Cable, ſçavoir l'Ancre de terre à 4 ou 5
braſſes, & celuy de vers l'eau (qui doit être
le meilleur de crainte du vent de la Mer) qui
eſt moüillé à 35 out 40 braſſes; les Vaiſſeaux
Marchands on ordinaire d'amarer une han-
tiere à terre, à cauſe des riſées ou raffales qui
viennent pardeſſus la terre, & qui pouroient
faire chaſſer l'Ancre de terre, lequel étant
une fois deſſondé, ne reprend plus d'autant que
le Pays eſt eſcarpé ou ecôré pour me ſervir des
termes de Marine.

Toutes ces remarques & autres un peu de conſequence, ſe doivent poſer dans un Journal de Navigation, & ce qui ſe paſſe pendant le ſéjour qu'on fait chaque lieu.

Comme la Propoſition que nous venons de donner a été un peu difficile à reſoudre à cauſe que la route eſt fort prés de l'Oüeſt, faut en ſuppoſer une autre, afin d'en donner une plus ample connoiſſance aux Navigateurs.

EXEMPLE.

Je pars de je ne ſçay quelle Latitude ni Longitude, mais je ſçai que j'ay fait ſur la route du Nord-Eſt quart Nord 70 lieuës, & qu'aprés avoir fait ce chemin, je ſuis arrivé à Oüeſſant, qui eſt par 48 deg. 30 min. de Latitude Nord, & par 12 deg. 30 min. de Longitude : Je demande de quelle Latitude & Longitude je ſuis party.

Pour reſoudre cette Propoſition & autres ſemblables, il faut pointer les 70 lieuës ſur la route du N. E. quart N. par les Arcs, & au bout de ces lieuës piquer une aiguille ou épingle, puis compter par les Meridiennes de bas en haut, on trouvera avoir avancé au Nord 58 lieuës, ou 2 deg. 54 min. pour la difference en Latitude vers le Nord, ce qu'on doit ſouſtraire de la Latitude arrivée 48 deg. 30 min. (à cauſe qu'on dépend de plus Sud,

Z ij

& partant d'une moindre Latitude) restera 45 deg. 36 min. pour la Latitude partie.

Aprés il faut compter par les travers & Paralelle à la ligne A G, on trouvera 39 lieuës avançées à l'Est, pour la difference en Longitude vers l'Est, lesquelles doivent être reduites en deg. & min. de Longitude par le moyen Paralelle, comme il ensuit.

Ajoûtés 45 deg. 36 min. Latitude partie, avec 48 deg. 30 min. Latitude arrivée, le tout sera 94 deg. 6 min. dont la moitié est 47 deg. 3 min. pour le moyen Paralelle, cela fait,

Bandés le fil du Cercle ou Quartier de Proportion par la Latitude du moyen Paralelle, 47 deg. 3 min. sur le quart de Cercle F G, commençant le compte des deg. au point G, puis comptés les 39 lieuës faites à l'Est sur la ligne A G, laquelle comme j'ay déja dit plusieurs fois represente l'Equateur, & à la fin des lieuës élevés une ligne à plomb, ou plûtôt conduisés la Meridienne qui termine ces mêmes lieuës, jusques à ce qu'elle aille couper le fil bandé par le moyen Paralelle, & en ce point là piqués une aiguille ou épingle, ensuite comptés du Centre du Cercle ou Quartier de Proportion, le long du fil & par les Arcs, vous trouverés 57 lieuës un tiers majeures, ou 2 deg 52 min. pour la difference en Longitude vers l'Est, ce qui faut ôter de la Longitude arivée 12 deg. 30 min. à cause qu'auparavant que d'arriver à 12 deg. 30 min. il a falu venir vers l'Eſt, ce qui eſt une aſſûrance que l'on dépend de plus Oüeſt, & partant d'une moindre Longitude, reſtera 9 deg. 38 min. pour la Longitude partie, & ainſi des autres.

On peut s'imaginer une autre Latitude & Longitude pour le point du département, & avoir couru ſur quelque autre route un autre nombre de lieuës, & au reſte agir comme vous venés de voir.

Cette Propoſition n'eſt que la ſeptiéme de cette ſeconde Partie retournée, car ſi vous vous imaginés être arrivé à 46 deg. 34 min. de Latitude Nord, & à 9 deg. 51 min. de Longitude, & que vous ſupoſiés avoir ſinglé ſur la route du Sud-Oüeſt quart d'Oüeſt 50 lieuës, vous trouverés aprés avoir pointé cette route, être arrivé par 45 deg. 10 min. de Latitude Nord, & par 6 deg. 50 min, de Longitude, ſemblable à celle d'où l'on part en l'Exemple de la ſeptiéme Propoſition de cette ſeconde Partie, quoy que cette régle ne ſe trouve dans aucuns Livres de Navigation, je ne la crois pas moins neceſſaire à ſçavoir que toutes les autres.

PROPOSITION XXXIX.

Reduire un ou pluſieurs degrez de Longitude par une Latitude donnée, ou par une moyenné Paralele.

Aplication de l'Exemple proposé à peu près
de cette sorte dans les Academies de la Navigation.

Je pars de 46 deg. 51 min. de Latitude
Nord, & de 321 deg. de Longitude, j'ay finglé fur la route du Oüeft, & fuis arrivé à la
même Latitude 46 deg. 51 min. & à 323 deg.
29 min. de Longitude : Je demande les lieuës
d'Eft ou Oüeft compris entre ces deux lieux,
ou pour me faire mieux entendre.

Je demande combien 2 deg. 9 min. de Longitude : valent de lieuës d'Eft ou Oüeft, par
la Latitude de 46 deg. 51 min.

Pratique de cét Exemple par le Cercle ou
Quartier de Proportion.

Pour refoudre cette Propofition & autres
femblables, il faut bander le fil du Cercle ou
Quartier de Proportion fur le quart de Cercle FG, commençant le compte des deg,
aupoint G, puis compter les 2 degrés 9
min. de Longitude fur le fil bandé comme
deffus, & à la fin de ces deg. piquer une
aiguille ou épingle, puis compter par les travers & Paralelle à la ligne AG, on trouvera
29 lieuës & demie, que doivent valoir 2 deg.
9 min. de Longitude, étant faits fous la Latitude de 46 deg. 51 min.

Cét Exemple fert à trouver la diftance d'en-

re deux lieux ſituès Eſt & Oüeſt l'un de l'autre,
comme ſont par exemple l'Iſle de la Madelai-
ne, dans la Baye de Canadas, & le Cap de St.
Laurens qui eſt l'embouchure de ladite Baye.

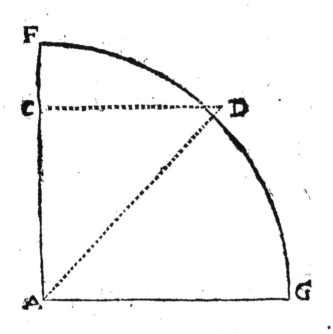

PRATIQUE.

C D Moyen Paralelle. ‑‑‑‑‑‑‑‑‑‑ 46 deg. 51 min.
A D 2 deg. 9 min. de Longit. ou 43 lieuës majeures.
C D 29 lieuës & demie mineures pour la valeur des
2 deg. 9 min. de Longitude.

Si on a plus ou moins de degrés à reduire
en lieuës, & par une autre Latitude, la régle

se fera toûjours de même que vous venés de
voir, il n'y a qu'à changer l'Angle du moyen
Paralelle , & compter le nombre des deg. de
Longit. sur le fil bandé, comme vous avés vû.

PROPOSITION XL.

*Sçavoir combien il faut faire de lieuës sur
chaque rumb de vent, pour élever ou abaisser
un ou plusieurs degrès de Latitude , & combien on doit avancer de lieuës en Longit. ou d'Est
ou Oüest, singlant sur chacun en particulier.*

Aplication de cét Exemple proposé à peu
prés dans les Academies Royales de la Navigation.

Je demande combien il faut faire de lieuës
sur chaque rumb de vent du Cercle ou Quartier de Proportion, pour élever ou abaisser un
degré en Latitude , & combien on doit avoir
avancé de lieuës à l'Est ou à l'Oüest.

Pour résoudre cette Proposition & autres
semblables, il faut compter sur la premiere
Meridiene du Cercle ou Quartier de Proportion A F, un degré de Latitude ou 20 lieuës
qu'il faut faire au Nord ou Sud, pour élever
ou abaisser un degré en Latitude , & conduire
par les travers jusques au premier rumb de
vent, & à la coupe piquer une aiguille, puis
compter du Centre du Cercle ou Quartier de
Proportion jusqu'à cette aiguille , on trouvera
avoir

avoir fait 20 lieuës un tiers en route, & si on compte par les travers on trouvera avoir avancé 4 lieuës en Longitude. Les lieuës en route sont représentées dans la Figure suivante par AC, & les lieuës de Longitude par HC.

Si on compte le même degré de Latitude ou 20 lieuës, sur la ligne de Nord & Sud AF; & qu'on conduise par les travers & Paralelle à la ligne AG, jusques au deuxiéme rumb de vent, on trouvera le chemin en route AD, 21 lieuë & demie, & comptant par les travers on verra avoir avancé à l'Est ou à l'Oüest, 8 lieuës un quart HD, & ainsi des autres rumbs de vent.

Car AE sera 24 lieuës qui faut faire sur le troisiéme rumb de vent, & HE 13 lieuës un tiers pour celle de Longitude.

AX montre qu'il faut faire 28 lieuës par le quatriéme rumb de vent, & HX fait connoî-tre 20 lieuës en Longitude.

AL montre qu'il faut faire 36 lieuës par le cinquiéme rumb de vent, & HL fait connoî-tre 30 lieuës en Longitude.

AM montre qu'il faut faire 52 lieuës un tiers, par le sixiéme rumb de vent, & HM, fait connoître 48 lieuës un tiers en Longitude.

AN, enfin montre qu'il faut faire 102 lieuës & demie par le septiéme rumb de vent, & IN, fait connoître 100 lieuës & demie en Longitude.

A a

Tout cecy eſt fort facile, pour apprendre
de ſoy-même, à travailler par le Cercle ou
Quartier de Proportion & de Reduction, &
même par l'Echelle Angloiſe, & la Regle &
le Compas tout ſimple.

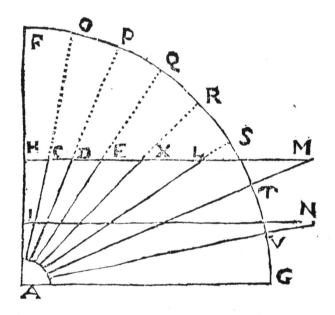

Si vous voulés vous ſervir des mêmes Dé-
monſtrations de cette ſeconde Partie, pour travailler par les Sinus Communs & Logarith-
mes, vous le pourés faire facilement, car toute la Navigation s'acomplit & ſe reſoud par
un Triangle Rectiligne Rectangle.

Cette Propoſition peut ſervir à un Pilote

lorfqu'il eſt en mer, plus Nord ou plus Sud d'un degré en Latitude que le lieu où il veut aller, ſçachant de combien de lieuës il eſt de l'arriere dudit lieu, afin de ſingler au rumb de vent, qui luy donnera la Latitude & la Longitude du lieu qu'il veut aller aborder.

Par exemple, un Navigateur eſt un degré plus Sud que Oüeſſant, & ſe fait par eſtime à 52 lieuës de l'arriere dudit Oüeſſant ; je dis qu'il doit faire mettre le Cap, ou gouverner ſur la route de l'Eſt Nord-Eſt, & au bout du chemin qu'il ne manquera pas d'arriver à Oüeſſant, ſupoſé que ſon eſtime ſoit bonne ; ſi on eſt plus Sud, ou plus Nord d'un degré en Latitude, & qu'on ſoit de davantage de lieuës de l'arriere de Oüeſſant ou d'une autre terre, il faut regarder ſur le Cercle ou Quartier de Proportion, ſur quel air de vent il faudroit ſingler, pour élever ſa Latitude & Longitude ne faiſant qu'une ſeule route.

Je ſçay bien qu'étant à 52 lieuës de Oüeſſant & un degré plus Sud, qu'on peut mettre le Cap au Nord-Eſt quart d'Eſt, juſques à la Latitude de ladite Iſle, & aprés gouverner à l'Eſt, & qu'ainſi on iroit querir la terre qu'on s'eſt propoſée.

Mais je ſçay auſſi, que c'eſt faire deux chemins pour un, car aprés avoir fait 36 lieuës ſur la route du Nord Eſt quart d'Eſt, il faut encore faire 18 lieuës à l'Eſt, & ainſi on fait 54

lieuës pour 52 lieuës qu'on feroit à l'Eſt Nord-
Eſt ; ce n'eſt pas que je blâme la conduite d'un
Pilote , de ſe metrre en la Latitude d'une terre , pour par aprés l'aller aborder par la route
de l'Eſt ou du Oüeſt ; non , mais ce que je dis,
eſt pour faire connoître aux Navigateurs , comme ils doivent ſe comporter & apliquer toutes
les regles du Cercle de Proportion , à la Pratique de la Navigation.

Si on a pluſieurs degrez à élever en Latitude , & qu'on ſoit plus éloigné de la terre où
l'on veut aller , il faut voir par le Cercle ou
Quartier de Proportion , par quel rumb de vent
on doit élever ces degrez , c'eſt-à-dire par
exemple , que ſi j'ay 3 deg. 30 min. à élever
en Latitude , & que je m'eſtime à 130 lieuës
du lieu où je veux aller , qu'il faut ſingler ſur
la route du Nord-Eſt quart d'Eſt , car ſi on
compte ſur le côté qu'on prend pour Nord &
Sud du Cercle ou Quartier de Proportion , les
3 deg. 30 min. de Latitude à élever ou abaiſſer,
& qu'on conduiſe le Paralelle qui termine
ces deg. juſques au cinquiéme rumb de vent,
on trouvera 126 lieuës , & partant il faut ſingler ſur le cinquiéme rumb de vent , pour élever ou abaiſſer 3 deg. 30 min. étant encore 130
lieuës de l'ariere du lieu où l'on veut aller.

Tout ce diſcours fait aſſés connoître , pourquoy & à quelle fin un Pilote doit ſçavoir
cette Propoſition , quoy que ceux qui ont écrit

de la Navigation, n'en faſſent aucune mention dans leurs Ouvrages, s'imaginant je veux croire la choſe trop facile

Quoy que nous ne travaillons icy que ſuivant des lieuës Françoiſes, cela n'empêche pas ceux qui ne Naviguent que ſuivant les lieuës Eſpagnolles, Hollandoiſes, ne puiſſent reſoudre cette Propoſition, en prenant ſur le côté du Cercle ou Quartier de Proportion 17 lieuës & demie, pour un degré en Latitude ou 15 lieuës; & les lieuës en route viendroient en proportion de celle-là, c'eſt-à-dire que prenant 15 lieuës pour un degré de Latitude, il viendra 15 lieuës un tiers par le premier rumb de vent, & trois lieuës en Longitude, & ainſi des autres.

PROPOSITION XLI.

Trouver par quelle Latitude & Longitude on est arrivé, la difference tant en Latitude qu'en Longitude étant donnée.

Ce qu'on apelle difference tant en Latitude qu'en Longitude, est le nombre des lieuës qu'un Navire gaigne au Nord ou Sud pour la Latitude, & ce qu'il éleve à l'Est ou Oüest pour la Longitude, faisant ces mêmes routes ou quelques autres Obliques, allant d'un lieu à un autre; si on fait quelques-unes de ces quatres routes, cela s'appelle élever ou abaisser directement en Latitude & en Longitude, & si on va à quelques routes Obliques, comme au Nord-Est, Sud Sud-Est, Sud-Oüest quart d'Oüest Nord, quart Nord-Oüest, &c. cela s'apelle élever ou abaisser indirectement en Latitude ou en Longitude.

Par le moyen de ces deux differences, on vient en connoissance de la Latitude & Longitude où on est arrivé, suivant les Maximes que nous allons donner, tant pour trouver ces deux differences, que pour les appliquer à la Navigation.

Notés premierement, que dans la Démonstration qui suit, la ligne E D, est prise pour la ligne Equinoxiale, & BC pour le pre. Meridien.

MAXIME I.

Quand on eſt party d'une Latitude Nord, & qu'on eſt arrivé à une autre Latitude auſſi Nord, pour avoir la difference en Latitude, il faut ſouſtraire les deux Latitudes l'une de l'autre : Voyés F X, la difference eſt G F 40 degrez Nord.

Mais au contraire, quand les deux Latitudes partie & arrivée ſont de divers côté ou de diverſe dénomination, c'eſt-à-dire, l'une du côté du Nord & l'autre du côté du Sud ; & au contraire, il faut ajoûter les deux Latitudes enſemble, & le produit eſt la difference en Latitude : Voyés V T ; la difference eſt T Y, 45 degrez.

MAXIME II.

Quand la route qu'on a faite eſt vers l'Eſt, moyennant qu'on ne paſſe pas le premier Meridien, il faut ſouſtraire les deux Longitudes partie & arrivée l'une de l'autre, reſte la difference en Longitude : Voyés GX 20 degrés.

Mais au contraire, ſi on va vers l'Oüeſt paſſant le premier Meridien, il faut ajoûter la moindre Longitude avec 360 degrez, & de la ſomme en ôter la plus grande Longi-

tude, restera la difference en Longitude vers
l'Oüest.

Ou ôter la plus grande Longitude de 360
degrez, & ajoûter le restant avec la moindre Longitude, la somme sera la difference
en Longitude : Voyés la route T V, dont la
difference en Longitude est VY, 70 degrez
vers l'Oüest.

APPLICATION.

M A X I M E. III

Quand on est party d'une Latitude Nord,
& que par la route qu'on a faite, on a élevé au Nord soit directement ou indirectement, il faut ajoûter la difference en Latitude, avec la Latitude d'où l'on est party,
vient celle où l'on est arrivé comme X, est
le Navire qui part, & F le lieu où il arrive,
qui est une plus grande Latitude.

De même quand on part de Latitude Sud,
& qu'on va encore vers le Sud; faut-il ajoûter : voyés le Navire M qui va vers N, qui
est à une plus grande Latitude Sud.

Mais si on part de Latitude Nord & qu'on
ait été vers le Sud, directement ou indirectement, il faut soustraire la difference en
Latitude de la Latitude partie, restera la Latitude arrivée; suposés le point H pour le
départ

départ d'un Navire, & le point I, pour son arrivée, on voit bien que le Navire est à une
moindre Latitude que celle d'où il étoit party.

De même quand on est party d'une Latitude Sud, & qu'on a été au Nord, faut-il
souſtraire; ſupoſés le point N pour le départ
du Navire qui va vers M, qui est en moindre Latitude.

En cecy il faut entendre que ſi la difference
en Latitude étoit plus grande que celle d'où on
ſeroit party, & qu'on eût été du côté contraire à la Latitude partie, que la Latitude arrivée ſeroit de l'autre côté, c'eſt-à dire du côté
du Nord, ſi on eſt party d'une Latitude Sud,
ou au contraire.

MAXIME IV.

Quand la Latitude du lieu d'où l'on part eſt
Nord, & que la route qu'on a ſinglé vers le
Sud, & que la difference en Latitude eſt plus
grande que la Latitude partie, il faut ôter la
moindre Latitude de la plus grande, reſtera la
Latitude arrivée qui ſera du côté du Sud, comme le Navire T, qui part de 25 degrés de
Latitude & va vers le Sud, en ſorte que la
difference en Latitude eſt de 45 degrez vers
le Sud, c'eſt ce qui fait connoître que la
Latitude arrivée eſt Sud 20 deg.

De même quand on eſt party de Latitude

Sud, & qu'on a été vers le Nord, & que la
différence est plus grande que la Latitude partie;
il faut aussi soustraire, & la Latitude se trouve
du côté du Nord de même que le point V, qui
est la partance du Navire qui va vers T, tout
au contraire de ce que nous venons de dire.

MAXIME V.

Quand on part d'une Longitude, & que la
route qu'on a faite a été vers l'Est, il faut ajoûter
la différence en Longitude avec la Longitude du
départ, pour avoir la Longitude de l'arivée;
voyés le point X le Navire qui va vers F, qui
est à une plus grande Longitude.

Mais si la route étoit vers l'Est, & qu'on
passât dessous le premier Méridien, c'est-à-
dire qu'il vint après l'adition plus de 360 deg.
il faudroit ôter les 360 deg. & le reste seroit
la Longitude de l'arivée : voyés T, pour le
point du départ du Navire 320 deg. de Longitude, & Y V différence 70 deg. de Longitude, lesquels ajoûtés avec 320, font ensemble 390, dont il faut ôter 360 deg. reste 30
deg. de Longitude à l'Est du premier Méridien
pour la Longitude arivée.

MAXIME VI.

Quand on va vers l'Oüest partant d'une

Longitude, & qu'on veut avoir celle de l'arivée, il faut souſtraire la différence en Longitude de la Longitude du départ, reſtera celle
où l'on eſt arrivé, comme le point I Longitude du départ 340 deg. & le point H, l'arivée
qui eſt à une moindre Longitude 310 deg. à
cauſe qu'on a été vers l'Oüeſt.

Mais ſi la route étant au Oüeſt, on paſſoit
au de-la du premier Meridien ; ce qui ſe connoît quand la différence en Longitude eſt plus
grande que la Longitude du départ : pour lors
il faudroit ajoûter 360 deg. avec la Longitude du départ, & de la ſomme en ôter la difference en Longitude, le reſte ſera la Longitude de l'arivée à l'Oüeſt du premier Meridien :
Voyés le point V, pour la Longitude partie
30 deg. & V Y pour la différence 70 deg. ce
qui ne peut pas être ôté de 30 deg. il faut
donc ajoûter 360 avec 30 deg. le tout ſera
390, & en ôter 70 deg. de difference, le
reſtant ſera 320 deg. pour la Longitude arivée à l'Oüeſt du premier Meridien.

Toutes ces Maximes ſont miſes en aplication par les regles de Navigation que vous
avés vû cy-devant, & dont l'intelligence eſt
ſi facile par l'aſpect de la démonſtration ſui-
vante, qu'elle ne merite ce ſemble quaſi pas
d'explication.

Avant qu'un Navigateur entreprenne de
reduire aucune courſe en Mer, il doit être

Inſtruit & ſçavoir parfaitement ces Maximes,

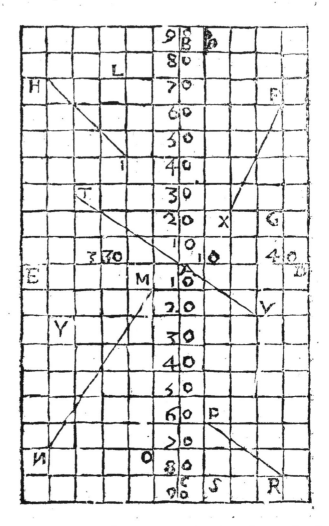

car autrement il ne pourroit jamais venir à
bout des Propoſitions neceſſaires à la Naviga-

tion & conduire des Vaisseaux en pleine mer,
comme on a pû remarquer dans tous les Exemples précedens, où il a été necessaire de faire
toûjours l'aplication de deux de ces Principes.
Il est donc constant qu'il les faut sçavoir solidement, par memoire ou par démonstration.

J'ay fait voir ce me semble dans cette seconde Partie, non seulement la Science du
Cercle ou Quartier de Proportion à fond,
puisque chaque proportion y est trés-bien dé-
montrée, mais j'ay fait connoître ce qu'on doit
faire de l'usage de ce même Cercle ou Quartier de Proportion, pour la composition d'un
Journal de Navigation ; ce qui est si absolument necessaire de sçavoir à tous Navigateurs,
qu'il leur est non seulement desavantageux de
l'ignorer, mais même en quelque façon criminel,
de ne pas avoir une solide & parfaite connoissance de tout ce que j'ay avancé.

Il y a quelques autres manieres de composer
un Journal de Navigation, mais je ne crois
pas qu'il y en ait une meilleure, ni plus juste
que celle que je vous ai fait voir dans cette
seconde Partie, car si vous prétendés que vôtre
Journal soit en Tables, je dis qu'il y à bien
des choses que vous ne pouvés pas marquer
en leur rang, ni qu'on ne poura pas sçavoir
de quelle Proposition du Cercle ou Quartier
de Proportion vous vous serés servi, si on exa-
mine vôtre Journal au retour d'un Voyage,

la pratique fait affés connoître ce que je dis, & c'eft auffi ce qui fait que de cent Journaux de Navigation , on n'en trouvera peut-être pas un compofé par Tables.

Il y.à des Navigateurs, qui compofent leurs Journaux, en faifant les regles dont ils fe fervent fur un côté de leur papier , & qui en font l'aplication à l'autre côté, c'eft-à-dire que s'ils naviguent par le Cercle ou Quartier de Proportion , ou même par quelqu'autre inftrument, ils font la régle qui convient à leur route & chemin à gauche de leur papier, & en marquent le refultat à droit , ce qui eft trés-bien, parce qu'on voit non feulement la Latitude & Longitude où ils font arrivés, &c. mais même on remarque de quelle Propofition ils fe font fervis , & dont ils ont fait l'aplication depuis le jour précedent , ce qui eft la belle & bonne maniere de Naviguer.

La plûpart de ce qui eft contenu dans cette feconde Partie (s'entend ce qui concerne le Journal (eft tiré d'un Voyage que j'ay fait au Cap Vert & aux Ifles de l'Amerique au vent, & avant le vent, fur un Vaiffeau du Roy en l'an 1680. & le refte fupofé.

PROPOSITION XLII.

Comment on doit lever le Plan d'un Port, d'une Rade ou d'une Baye.

Les Pilotes les plus experimentés ne manquent jamais de lever le Plan d'une Rade ou Baye lors qu'ils y font moüillez, prenant les amarts du bon moüillage, & la quantité & qualité des fonds de fes lieües afin de s'en fervir un autre Voyage, ou pour en inftruire ceux qui n'ont pas été en ces endroits, ou pour en donner avis à ceux qui compofent des Cartes Marines, car c'eft avec les obfervations des plus experimentés Pilotes, que nous compofons nos Cartes quand nous fçavons que ces obfervations font fort juftes, ce qui nous paroît lors que plufieurs nous raportent une même chofe d'un même lieu.

Quand on veut lever le Plan d'une Baye ou d'une Rade étant moüillé, il faut monter dans la Hune du Vaiffeau afin de découvrir de plus loin les lieux du contour de ladite Baye ou Rade, portant quand & foy un Compas à Naviger, ou un Compas de Variation pour le mieux, un Compas à mefurer les parties d'une Echelle, une Carte blanche ou du papier & une plume & de l'encre, ou fimplement un crayon, étant dans la Hune avec tout ce que je viens de nommer, il faut envisager sur le Compas à quels rumbs de vent demeurent toutes les Pointes, Roches, Bancs, Ecüeils, à quelles distances ils sont du lieu où l'on est mouillé, puis raportant cela sur le papier divisé en 32 parties égales, & tirant des lignes en blanc, puis prenant sur l'Echelle des pas le nombre à peu prés qu'il y en a du point où l'on est moüillé jusques à chaque remarque, on tracera de cette maniere mécaniquement le Plan d'une Baye.

Voici comme nous avons levé le Plan du Port François qui est de la bande du Nord de St. Domingue, nommé par excélence le Port-Roïal.

Je supose que je sois moüillé au point A, de ce point j'envisage sur mon Compas, les points B, C, D, E, F, G, H & I, c'est-à-dire à quels rumbs de vent ils demeurent du lieu où ie suis, je raporte cela sur mon papier ou sur ma Carte; ensuite je considere à quelle distance de moy sont tous ces points, ce que je prens sur une Echelle faite à ce dessein, & que je raporte sur chaque lieu, c'est-à-dire que si je supose qu'il y ait du point A au point B 250 pas, je les prens sur mon Echelle, & les raporte du point A jusques à B, où je marque un point, du point A au point C, je supose à peu prés qu'il y à 200 pas, je fais la même chose que cy-dessus,

en prenant 200 pas ſur mon Echelle, & que
je raporte du point A au point C, & ainſi
des autres. Tous ces points étant arrêtés je
décris la terre comme elle me paroît, cela

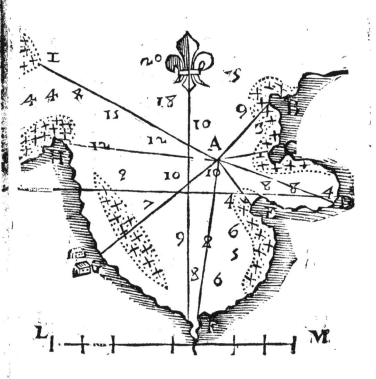

fait, ie vais avec une Chaloupe ſonder toutes
les profondeurs, comme vous pouvés remarquer à l'aſpect de cette Figure.

Cette maniere eſt aſſés facile, mais n'eſt
Ce

pas la plus juſte, celle qui ſuit eſt plus
exacte.

Autre maniere de lever le Plan d'un Port, Baye ou Rade.

La maniere que nous venons de donner
pour lever le Plan d'un Port, Baye ou Rade,
n'eſt pas des plus exactes, puiſque les meſures
n'en ſont qu'eſtiméces : Mais ſi on le veut faire
qu'il n'y ait rien à redire, il faut avoir une
feüille de papier ou une Carte un peu grande,
& une Regle où il y ait des pinules aux deux
extrémités, par leſquelles on puiſſe regarder
les pointes ou écüeils, &c. puis meſurer une
baze là où on voudra comme icy L M 500
pas Geometriques en y mettant des Pavillons
blancs, enviſageant du point L, les points G,
I, H, B, C, D, E, F, & tirant ſur la
feüille de papier ou Carte des lignes en blanc;
cela fait, il faut ſe tranſporter au point M,
& regarder derechef les points G, H, I, B,
C, D, E, F, & tirer des lignes auſdits
points, la coupe de ces lignes fait voir la ſituation de chaque lieu & leur diſtance,
ſuivant l'Echelle ſur laquelle on aura pris
les 500 pas. La Riviere ſe placera ſur la baze qu'on a ſuppoſée, & dans ſon éloignement, l'aſpect de la Figure fait mieux com-
prendre la choſe que tout le raiſonnement

qu'on en peut donner, la baze auroit pû être prife ailleurs , cela eft à la difcretion de celuy qui travaille ; s'il y avoit quelques re-marques fur la terre qu'on voulût placer

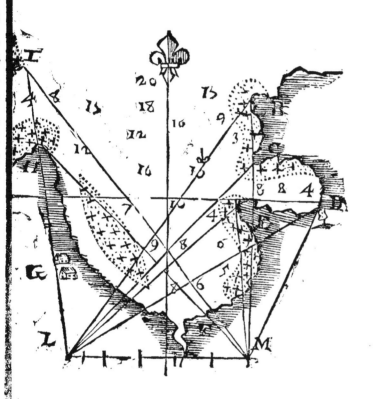

dans fon Plan, il n'y auroit eu qu'à tirer des lignes des deux extremités de la baze L M, la coupe de ces deux lignes les auroit marqués fur la Carte.

Cc ij

PROPOSITION XLIII.

Comment on peut apprendre de soy-même à bien juger le chemin d'un Navire.

Estimer le chemin qu'un Navire a fait sur la mer est une chose affés délicate & affés subtile, pour embaraffer les plus Sçavans dans la Pratique de la Navigation ; car il s'y rencontre tant de difficultés, qu'il est presque impossible d'en venir à bout, quelque soin & diligence qu'on puisse apporter, y ayant toûjours quelque chose de douteux sur les Principes dont on se sert.

Car si on considere le vent qui fait aller le Vaisseau, il faut regarder sa force ou foiblesse, son changement de moment à autre, s'il est de derriere, en hanche, de travers, ou au plus prés, si ce sont les basses Voiles, les Huniers ou les Perroquets, si on les hisse ou amene, si les Voiles font neuves ou vieilles, & même on doit avoir égard à leur grandeur & situation.

Quand on va à la Bouline ou au plus prés du vent, il faut prendre garde au gouvernement du Navire, car s'il est long-tems vent devant, ou qu'on vire malgré soy, cela retarde le chemin du Vaisseau, ce qui faut diminuer du chemin du Navire.

Si la lame vient de devant, par le vent qui en a venté précedemment, cela empêche encore le Vaiſſeau d'aller, ſi elle vient de derriere, cela l'avance, ſi de côté, cela l'envoye avant le vent ; les lancées qu'on prend de quelque côté, font que le Navire n'avance pas tant de chemin ſur la route ſupoſée ; les Marées, la Variation font le même effet : Toutes ces remarques & autres que la pratique fait connoître, montre aſſés clairement qu'il eſt fort difficile de juger le chemin qu'un Navire a fait, c'eſt pourquoy il faut qu'un Pilote veille beaucoup, & qu'il ait un grand ſoin pour y réüſſir.

Cependant comme on ne laiſſe pas de travailler aux choſes les plus difficiles de la vie ; nous allons faire connoître par quatre manieres differentes de ſçavoir eſtimer le chemin d'un Navire, nonobſtant toutes les difficultés que nous venons de propoſer.

En premier lieu, on ſçait le chemin qu'un Navire a fait par la difference en Latitude, lorſqu'on eſt ſeur du rumb de vent ſur lequel on a ſinglé.

Secondement, on juge le chemin d'un Navire, lorſqu'on eſt aſſuré de la diſtance d'un lieu à un autre, & du tems qu'on a employé à faire ce chemin.

Troiſiémement, on peut ſçavoir le chemin qu'un Navire a fait par une petite planche amarée au bout d'une ficelle, tournée fur une manivelle qu'on laiffe aller au derriere du Navire étant à la Voile.

Enfin, en quatriéme & dernier lieu, on eftime le chemin d'un Navire fimplement à l'œil, en jettant un morceau de bois à l'avan du Navire, & marchant au droit d'iceluy d'avan arriere auffi vîte que le morceau de bois, on voit à peu prés le chemin qu'on feroit de ce train fi on étoit à terre.

Le premier moyen d'eftimer le chemin d'un Navire, & celuy fur lequel les autres font fondés, & defquels il fert de preuve, fe fait en cette forte.

Prenés garde à la Latitude obfervée d'un jour, & à celle du jour fuivant, & voyés la difference de ces deux Latitudes ; remarqués bien le rumb de vent fur lequel vous avés finglé, car fi vous avés ces deux chofes au jufte, vous dirés affurément le chemin qu'à fait vôtre Navire.

Je m'explique, & je dis que fi vous êtes à 5 heures du foir du feiziéme Octobre 1707. par la Latitude de 48 degrez 33 minutes du côté du Nord, & que le lendemain vous trouviés être arrivé par 46 deg. 33 min. de Latitude auffi Nord, ayant finglé fur la route du S. O. quart Sud, vous pourés dire affurément que vôtre Navire aura fait 48 lieuës, & parconfequent 2 lieuës par heure, d'autant

que si vous divisés 48 lieuës par 24 heures
que vous avés employées à faire ce chemin,
il vous viendra 2 lieuës que vôtre Navire aura
fait par heure ; si bien que cecy peut servir
de fondement à un Pilote, que toutesfois &
quantes que le vent sera de cette même force,
& les Voiles Orientées en la même maniere,
&c. que son Navire fera pareil chemin, c'est-
à-dire deux lieuës par heure.

C'est icy où les jeunes Navigateurs, peuvent se flâter d'être aussi expérimentés que
les Anciens, moyennant qu'ils puissent trouver leur Latitude au juste, cela fait voir aussi
que ceux qui font tant de mépris de la Science, (à cause qu'ils n'en sont pas en possession)
sont blâmables, puisqu'on voit que par la
Science, on vient en connoissance de la Pratique sans aucun Precepteur ni Maître, ce
qu'on ne peut faire de la Pratique à la Theo-
rie, & partant un jeune Navigateur ayant la
Science de la Navigation, apprendra plus de
Pratique en un voyage, qu'un Praticien n'aura
de connoissance de la Science en toute sa vie.

Reprenons nôtre suite, & disons que difficilement la route sur laquelle on a singlé n'est
pas celle qu'on a tenu veritablement, soit par
le fluement du Navire qui n'a pas beaucoup
de pied à l'eau, le grand vent, la lame pour
me servir des termes de gens de mer, ou vagues
qui le jette tantôt d'un côté & tantôt de l'autre,

les lancées, les marées, la Variation & autres
accidens que la Pratique fait connoître & qui
empêche que la route sur laquelle on a été ne
soit veritablement la même, si bien que si un
Pilote se trouve plus à l'Est ou à l'Ouest qu'il
ne s'estime, il ne faut pas qu'il s'en étonne;
par exemple on a gouverné sur la route du
Nord, & on a estimé avoir fait 100 lieuës
sur cette route, ou bien on a trouvé 5 deg.
difference en Latitude, il est certain que la
route étant vraye, on ne doit avoir rien avancé en Longitude. Si cependant par quelqu'un
des accidens que nous venons de faire connoître la route est le Nord quart Nord-Est,
il est constant qu'on doit avoir avancé à l'Est
prés de 20 lieuës, & partant on sera plus en
Longitude de ces lieuës lesquelles étant faites
sous la Latitude de 50 deg. valent 1 degré 33
min. en Longitude qu'on sera plus à l'Est qu'on
ne s'estimoit : c'est ce qui me fait dire en passant, que si un Pilote ne réüssit pas comme il
l'espere, on ne doit pas tellement s'en prendre à luy, qu'on ne considere que les moyens
dont on est obligé de se servir sont presque tous
sujets à erreur, c'est pourquoi un Navigateur
doit toûjours veiller, avoir un grand soin, son-
der souvent, & prier Dieu qu'il luy fasse la
grace de s'aquiter dignement de son employ;
car ce n'est pas peu de chose que d'avoir la
vie de tant d'hommes sous sa conduite, des-
quels

quels on eſt réponſable devant Dieu & du bien
des Marchands, ſi on entreprend la conduite
des Navires ſans s'en croire tout à fait capable.

Le ſecond moyen d'aprendre de ſoy-même
à faire l'eſtime du chemin d'un Navire ſe fait
en cette ſorte.

Je ſupoſe que vous ayés été de Oüeſſant au
Cap de Finiſterre, qui ſont diſtans l'un de l'autre
de 120 lieuës, & que ce chemin ait été fait en
2 jours ou 48 heures, avec un beau vent arriere, toutes les hautes & baſſes Voiles dehors le
Vaiſſeau, chargé en ſa charge ordinaire & trés-
net : Je dis que pour ſçavoir le chemin que vôtre
Navire a fait par heure, qu'il ne faut que diviſer les 120 lieuës de diſtance par 48 heures de
temps qu'on a employées à faire le chemin, il
viendra 2 lieuës & demie par heure, ſi bien que
conſiderant le Navire, le vent, ſa force ou foi-
bleſſe, les Voiles, la maniere qu'elles ſont Orientées, & les autres remarques que nous avons
données cy-devant, on conclura que lors qu'on
ne verra point de terre que le Navire ſera en
cette aſſiette, le vent égal, pareilles Voiles, &
chargé de cette ſorte qu'il ſera 2 lieuës & demie par heure.

Si le chemin depuis Oüeſſant juſques au Cap
de Finiſterre eſt fait en plus ou moins d'heures,
il le faut diviſer par le temps employé.

Ce qui ſe dit de ces 2 lieux ſe peut entendre
des autres terres, entre leſquelles il n'y ait pas

de courans, car en ce cas le moyen d'eftimer le
chemin d'un Navire ne vaut rien.

Le **4.** moyen d'eftimer le chemin d'un Navire, & celuy qui eft exempt des courans, puifqu'il fe fait en pleine Mer, fe fait en cette forte.

On a une petite ficelle ou libouret de 50,60,
80, ou 100 braffes, ou plus fi on veut, tournée fur une manivelle, au bout de laquelle eft
attaché une petite planche de 6 ou 8 pouces
de longueur, fur 3 ou 4 de large, percée au milieu, auquel on met comme une petite champeleure de bois, au can d'icelle on attache un
morceau de plomb, afin de faire aller la petite
planche dans l'eau lorfqu'on la file en Mer; on

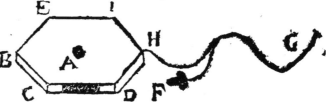

attache la ligne au libouret, & avec un petit
morceau de bois fait en forme de foffet, ou fi vous
voulés le foffet de la champeleure, même que
nous avons dit être pofée au milieu de la petite
planche, lequel fera ataché ou frapé avec un petit bout de ligne, plus courte que la diftance de la
planche où elle fera attachée, afin qu'étant dans
l'eau, & au bout de fa courfe, la ligne fe roidif-
fant, le foffet fe tire, & par ce moyen que la
petite planche vienne de fon long : La Figure
vous fait mieux concevoir ce que je veux dire,
que le raifonnement que je vous pourois aporter.

Marqués vôtre ficelle de 5 braſſes en 5 braſſes, chacunes de 5 pieds, laiſſant 10 ou 15 braſſes, depuis la petite planche ſans marque, là où
vous ferés un nœud ou autre chôſe de remarque, afin de laiſſer aller cette eſpace hors de
la oüache du Navire.

Ayés une Horloge d'une minute ou d'une
demie minute, & la virés lors que vous aurés le
nœud ou le commencement de vos marques
dans la main, & quand elle ſera écoulée, arê-
tés vôtre ficelle, & voyés combien il a paſſé de
braſſes pendant une minute, & dites par une régle de trois; ſi en une minute il s'eſt écoulé
tant de braſſes, combien s'en doit-il écouler
pendant 60 minutes, qui eſt une heure; la régle faite, il vient ce que vôtre Navire fera de
braſſes ou de pas en une heure, & multipliant
le tout par 24 heures que contient un jour naturel, on aura les braſſes ou pas qu'un Navire
fera en un jour, ſi bien que diviſant ce nombre par 3423 braſſes que contient une lieuë,
ſelon les dernieres obſervations faites par Meſſieurs de l'Academie Royale des Sçiences par
Ordre du Roy, on aura les lieuës en 24 heures.

EXEMPLE.

Il s'eſt écoulé 50 braſſes de ficelle pendant
l'écoulement du ſable, d'un Horloge d'une
minute. On demande combien le Navire a
fait de lieuës par heure, & en un jour naturel qui contient 24 heures.

Je dis par une regle de trois, si en une min. il s'est écoulé 50 brasses, combien s'en doit-il écou er pendant 60 min. qui est la valeur d'une heure ; la régle faite, il vient 6000 brasses par heure, lesquelles multipliées par 24 heu. du jour naturel, vient 144000 brasses ou pas Geometri-ques de 5 pieds chacun ; divisant ce nombre par 3423 pas que contient une lieuë, vient au quo-tient de la division tout prés de 44 lieuës en 24 heures, qui sont prés de 2 lieuës par heure.

S on veut s'exempter de tout ce travail, on n'a qu'à observer exactement ce qui suit.

LE ROY, ayant donné Ordre à Messieurs de l'Observatoire de Paris, de chercher exacte-ment la longueur d'un degré de la superficie de la terre, entre 49 & 50 degrés, l'ont trou-vé par mesure actuelle & Geometrique de 342360 pieds de Roy, dont les 20 lieuës que vaut un degré de Latitude valent ce nombre, qui valent 68472 pas Geometriques de cinq pieds chacun, & pour une lieuë 3423 pas 3 pieds, ce degré contient aussi 57060 toises, ce qui se connoît en divisant 342360 pieds, par 6 pieds que contient une toise, donc di-visant 57060 toises par 20 lieuës que con-tient un degré du Nord au Sud, il vient 2853 toises 3 pieds, pour une lieuë de la surface de la terre ou de la mer : & c'est sur ces Prin-cipes, que tous les habiles gens du Royau-me, doivent se conformer à l'égard de la su-perficie de la terre ; & les Pilotes, au regard de l'estime du chemin de leur Navire.

Sur ce fondement, il faut qu'en une heure, il s'écoule de ficelle du Lock ou petit Navire 2853 toises, donc il s'en doit écouler 47 toises 3 pieds 3 pouces 7 lignes pour 1 min. d'heure, prenant le tiers de ce nombre, il vient 15 toises 5 pieds 1 pouce, pour un tiers de lieuës pendant une minute d'heure, la moitié sera 7 toises 5 pieds 5 pouces 1 ligne pendant une demie minute, ou plûtôt 8 toises qui valent 48 pieds; donc marquant une ficelle de 48 en 48 pieds, chaque marque qui s'écoulera pendant l'écoulement du sable d'une horloge d'une demie minute, se fera autant de tiers de lieuës que le Navire fera par heure.

Si on vouloit les marques ou les nœuds par quarts d'une heure, il les faudroit marquer de 36 en 36 pieds.

EXEMPLE.

Il s'est écoulé 6 nœuds de ficelle, pendant l'écoulement du sable d'une horloge d'une demie min. ou 30 seconde d'heure : On demande combien le Navire fait de lieuës par heure & par jour.

Comme il s'est écoulé 6 nœuds, & que chaque nœud vaut 1 tiers de lieuës, se font 2 lieuës par heure, & 48 en 24 heure que contient le jour naturel.

2. EXEMPLE.

Si les nœuds étoient par quarts de lieuës, c'est-à-dire, de 36 en 36 pieds, & qu'il s'en fût écoulé 12 nœuds pendant l'écoulement du sable d'une horloge d'une demie minute. On demande combien le Navire a fait de lieuës par heure.

Il aura fait 3 lieuës par heure, & 72 en un jour de 24 heures.

Je ne crois pas qu'il y ait aucun Pilote ou Navigateur, qui n'entende bien ce que je viens de dire, & qu'il ne le puisse aisément mettre en Pratique, pour faire l'estime au juste que son Navire fera ; & par conséquent, qui ne soit plus assuré de la Longitude où il sera arivé sur mer, que ceux qui ne s'en serviront pas. J'aurois bien reduit cela en Tables, mais je crois la chose si aisée que je ne m'en suis pas voulu donner la peine

On sera obligé s'il calmit ou fraîchit de vent, qu'on hisse, amene, & qu'on serre des Voiles; de repeter l'operation, & d'en faire une reduction sur le tout. Je m'explique, & je dis que dans une operation ou l'on aura filé 4 nœuds ou 4 tiers de lieuës pendant une horloge de demie minute, qui valent 1 lieuë 1 tiers par heure, & cela durant 2 heures, se font 4 lieuës un tiers. Plus, deux nœuds pendant 2 heures, font une lieuë un tiers. Plus, 3 nœuds pendant 6 heures font 3 lieuës. Plus, 5 nœuds pendant 8 heures, font 8 lieuës 1 tiers. Plus, 7 nœuds pendant 5 heures, font 11 lieuës deux tiers ; le tout fait ensemble 28 lieuës deux tiers en 24 heures, qui font un peu plus d'une lieuë par heure.

Si on se sert des nœuds ou marques de 36

en 36 pieds, qui font des quarts de lieuës ; on agira comme nous venons de dire pour les tiers de lieuës, c'eft-à-dire qu'on ajoûtera tous les quarts de lieuës qu'on aura faites pendant un nombre d'heures ; & cela, jufques à 24 que contient le jour naturel en une fomme, & on aura les lieuës qu'on aura faites en un jour, ou d'un midi au midi fuivant.

E X E M P L E.

On a filé huit nœuds par quarts pendant 8 heures fur une horloge d'une demie minute, 6 nœuds pendant 6 heures, 7 nœuds pendant 6 heures, & 9 nœuds pendant 4 heures : On demande combien le Navire a fait de lieuës en 24 heures ?

Les 8 nœuds valent 2 lieuës, donc pendant 8 heures, fe font 16 lieuës, 6 nœuds valent 1 lieuë & demie, donc pendant 6 heures, font 9 lieuës; 7 nœuds valent 1 lieuës 3 quarts par heure, donc pendant 6 heures on aura fait 10 lieuës & demie ; & enfin, 9 nœuds pendant une heure, fe font pour 4 heures 9 lieuës, le tout enfemble font 44 lieuës & demie en 24 heures, qui font prés de deux lieuës par heure.

Si les vents étoient égaux pendant 24 heures, ce qu'on apelle en terme de Marine, des vents alifés, & qu'on eût filé 8 nœuds par tiers de lieuës pour heure, on auroit fait deux lieuës & demie par heure, & 60 lieuës en 24 heures.

Si on avoit filé 10 nœuds par quarts de lieuës par heure, on auroit fait deux lieuës & demie par heure, & 60 lieües en 24 heures.

Il seroit a propos de vérifier si les horloges d'une minute où de demie minute dont on se sert, sont bien justes avant que de s'en servir.

Un pendule de 3 pieds 8 ligne & demie fait 3600 vibrations en une heure selon les expériences de Messieurs de l'Observatoire, donc en une minute, il en doit faire 60 sur ce principe pour sçavoir si les horloges d'une minute où de demie minute sont justes, il n'y a qu'à mettre ce pendule en mouvement, & s'il fait 60 vibrations pendant l'écoulement du sable de l'horloge d'une minute où 30 pendant l'écoulement du sable d'une horloge de demie minute, on s'en peut servir avec toute assurance.

On pouroit encore confirmer son horloge de sable d'une minute de tems, ou de demie minute, sur une horloge à pendule ou les minutes sont marquées.

Si on veut se servir d'une Table construite à dessein d'estimer encore le chemin d'un Navire, en voici une qui contient les minutes de lieües, qu'un Navire fera en 24 heures, lesquelles il faut diviser par 3 minutes que contient une lieüe.

Pour se servir de cette Table, il faut premierement marquer sur les deux bords du Navire, 30 pieds de chaque côté, commençant avant, vers le lof alant arrierre ; avoir ensuite une horloge de demie minute, & s'a-prendre à compter 120 pendant l'écoulement
du sable

du fable de l'horloge d'une demie minute, &
quand on y eſt bien reglé, on prend un petit
morceau de bois qu'on jette à l'avan du Navire par deſſous le vent, & quand ce qu'on
a jetté en Mer eſt le travers de la premiere
marque d'avan, on vire l'horloge de demie
minute, & l'on compte un, deux, trois &c.
juſqu'à ce que le morceau de bois ſoit le travers de la fin des 30 pieds ; Quand le compte
eſt arrêté, on voit dans la Table le travers
du nombre qu'on a compté dont on en prend
les minutes de lieuës, qu'on diviſe par 3 pour
avoir des lieuës faites en 24 heures.

EXEMPLE.

On ſupoſe avoir compté 20 pendant l'écoul-
lement du ſable de l'horloge de demie min.
que ce qu'on a jetté à la mer à l'avan du
Navire, & du tems qu'il a été à venir au point
d'arriere, marqué à 30 pieds : On demande
combien le Navire a fait de lieuës en 24 heures.

Le Navire doit faire 30 lieuës en 24 heures,
parce que conſultant la Table, on trouve vis-à-vis
de 20, le nombre de 90 min. de lieuës, qui diviſées par 3, font 30 lieuës en 24 heures, &
par conſéquent une lieuë un quart par heure.

Si le vent augmente ou diminuë, qu'on mette
des voiles dehors, où qu'on en ſerre, il faudra repeter l'operation comme vous avés vû cy-devant.

Je ne crois pas qu'il ſoit neceſſaire de pluſieurs
Exemples pour faire connoître l'uſage de ladite
Table.   E e

TABLE pour l'Estime d'un Navire.

Nombre.	M. que le Navire fait en 24 heures.	Nombre.	M. que le Navire fait en 24 heures.	Nombre.	M. que le Navire fait en 24 heures.	Nombre.	M. que le Navire fait en 24 heures.
1	600	26	69 1 quart	51	35 trois 10	76	23 2 tiers.
2	000	27	66 3 quar	52	34 2 tiers	77	23 1 tiers.
3	000	28	64 1 tiers.	53	34	78	23 un 13.
4	000	29	62	54	33 2 tiers	79	23
5	360	30	60	55	32 2 tiers	80	22 & dem.
6	300	31	58	56	32 un 7.	81	22 un 9.
7	257	32	56 1 quart	57	31 2 tiers	82	22
8	225	33	54 & dem.	58	31	83	21 3 quar.
9	200	34	53	59	30 & dem.	84	21 3 sept.
10	180	35	51 & dem.	60	30	85	21 un 6.
11	164	36	50	61	29 & dem.	86	21
12	150	37	48 2 tiers	62	29	87	20 2 tiers
13	138 & dem.	38	47 sept 19	63	28 & dem.	88	20 & dem.
14	128 & dem	39	46 un 6.	64	28 un 8	89	20 deux 9.
15	120	40	45	65	27 3 quar.	90	20
16	112	41	44	66	27 1 quart	91	19 2 tiers
17	106	42	42 tier. s	67	27	92	19 1 quart
18	100	43	42	68	26 & dem.	93	19 un 6.
19	94 2 tiers	44	41	69	26 un 11.	94	19 un 6.
20	90	45	40	70	26	95	19
21	85 3 quar	46	39 un 8.	71	25 deux 14.	96	18 trois 14.
22	81	47	38 1 tiers	72	25	97	18 & dem.
23	78 1 quart	48	37 & dem.	73	24 2 tiers	98	18 deux 18.
24	75	49	36 3 quar.	74	24 1 tiers.	99	18 un 6.
25	72	50	36	75	24	100	18

Le 4. & dernier moyen d'eſtimer le chemin d'un Navire & qui eſt le plus commun, quoy que le plus fautif, ſe fait en jetant un morceau de bois à l'avant du Navire, & allant d'avant ariere comme le morceau de bois, on juge le chemin qu'on feroit à terre ſi on marchoit de cette ſorte; la plûpart des Pilotes eſtiment le chemin de leur Navire ſimplement à l'œil ſans faire aucune operation.

Si on vouloit avoir quelque certitude du chemin du Navire en metant ce moyen en pratique, il faudroit avoir une horloge d'une demie minute, c'eſt-à-dire de 30 ſecondes d'une heure, ou bien une de 15 ſecondes, & meſurer ſes pas au juſte ou plûtôt les meſurer ſur le Pont du Navire; pour lors on pouroit dire à peu prés le chemin d'un Navire.

Je m'explique, & je dis que ſi le pas d'un homme eſt de 2 pieds & demy, & que pendant une 5. ſeconde d'une heure, il marche d'avant ariere 10 pas, ce ſont 5 pas Geometriques pendant 15 ſecondes, 10 pas en 30 ſecondes, 20 pas en une minute, & par conſequent ſuivant nôtre Table 10 lieües en 24 heures.

Si l'étenduë d'avant ariere d'un Navire étoit fort grande, ce moyen ſe pouroit bien mettre en pratique, mais il eſt impoſſible de s'en ſervir lors que le Navire coupe beaucoup de l'avant, c'eſt pourquoy il eſt inutile de vous en entretenir davantage.

Afin qu'il ne manque rien à la composition d'un Journal de Navigation, reste encore à montrer quand on sonde, comment on en doit user pour diminuer ce qui s'en faut qu'il n'y ait la profondeur d'eau, que la ligne marque quand elle est fort éloignée du bord du Navire.

PROPOSITION XLIV.

DE LA SONDE.

IL y a beaucoup de Pilotes, qui disent que quand une ligne est éloignée d'un nombre de pieds du bord du Navire, & qu'il y a au dessous de 50 brasses de ligne hors, qu'il faut diminuer autant de brasses pour autant de pieds que la ligne est éloignée du bord du Navire jusques au lieu où elle touche dans l'eau, & au dessus de 50 jusques à 60 brasses, il faut y diminuer d'un pouce, c'est-à-dire que 11 pouces d'éloignement du bord du Navire, font une brasse de diminution sur l'eau, que la ligne marque, & enfin au dessus de 60 jusques à 80 ou 100, que 10 pouces d'éloignement valent une brasse de diminution.

A la verité ces manieres ne font pas des plus excellentes, mais cependant ne laissent pas que de montrer assez précisément l'eau qu'il y a où l'on est principalement, quand il y a moins

que 50 braſſes de ligne filée, comme vous pourés remarquer cy-apiés.

Voilà une regle generale qui ne ſe peut con-
teſter, puiſqu'elle eſt apuiée ſur la démonſtration.

Meſuiés ce qu'il y a du lieu où vous tenés
la ligne en main juſques à l'eau le long du
bord du Navire, meſurés auſſi combien il y a
depuis le bord de la ligne qui touche dans l'eau
juſques à vôtre main, de cette maniere vous
auiés deux Triangles Equiangles, donc ſuivant la quatriéme Propoſition du ſixiéme Livre d'Euclide vous pouvés dire par une régle
de trois; ſi la diſtance qu'il y a de vôtre main
juſques au large, & à l'endroit où la ligne touche dans l'eau, donne les braſſes ou les pieds
qu'il y a depuis vôtre main juſques au bord de
l'eau le long du Navire, que donnera les
braſſes que la ligne montre, il viendra les braſſes de profondeur au juſte, ſupoſant que la
ligne ſoit bien tenduë, & qu'elle touche le fond
ce qu'on ſent bien à la main.

Pour mieux faire concevoir la choſe, nous en
donnerons ſeulement un Exemple qui levera
toute la difficulté qu'on pouroit y rencontrer.

Je ſupoſe la hauteur du plabord où je tiens
ma ligne être de 12 pieds; j'ay 50 braſſes de
ligne hors, il y a depuis ma main juſques au
bord où la ligne touche dans l'eau 15 pieds : Je
demande combien il s'en faut qu'il n'y ait 50
braſſes d'eau, ainſi que la ligne marque.

AB. AC. AE.

fi - 15 - - - 12 - - 50.

12.

100.

50.

x   (600.

600(

288 (4º pour A D.

2 braf. AC. ôt.

refte 38 braf. d'eau
pour C D.

Il y auroit donc
38 braffes d'eau au
lieu que la ligne en marque 50.

Vous pouvés voir que 12 pieds pour la hauteur du plabord, & 15 pieds pour la diftance
de la ligne au bord de l'eau, fuivant la 47me
Propofition du premier livre d'Euclide, donneront 9 pieds pour la diftance du bord d'en
bas du Navire au long de l'eau jufques à la
ligne, ce qui étant pris pour autant de braffes,
& pris 2 braffes pour la hauteur du plabord,
ne donneroient que 11 braffes, lefquelles étant
ôtés de 50 braffes, refteroit 39 braffes, quoy
qu'il n'y en ait que 38 braffes; partant tout
Pilote quand il fondera, fera obligé de compofer un Triangle, notamment quand il aura
beaucoup de ligne hors, car comme vous

voyés, il n'y a pas grande difference au des-
fous de 50 braffes, mais au deffus il y en a
bien davantage, ce que vous pouvés fuputer
en la maniere fufdite.

Il y en a qui pour n'avoir pas tant de bas
à leur ligne, jettent leur plomb bien au large
par avant le vent, & le font paffer par arriere étant à l'ouverftac, ou le petit Huniet
fur le Maft , & le grand Hunier fervant;
cette maniere eft trés-bonne, mais il faut
bien prendre garde que la ligne ne prenne
dans le Gouvernail, ce qui eft pourtant bien
facile, en ordonnant à celuy qui jette la fonde du côté d'avant le vent & au large, de
tenir une quantité de ligne dans fa main,
& celuy qui eft du côté du vent, d'en avoir
auffi beaucoup dans la fienne; & ayant fait
paffer la ligne par arriere en dehors de tout,
lorfque le plomb eft jetté, que tous les deux
hommes laiffent aller ce qu'ils ont de ligne
dans leurs mains, pendant le tems que la
fonde ira bas la ligne coulera, & parce moyen
évitera de prendre au Gouvernail, & ôtera la
peine de faire cette régle, d'autant qu'il n'y
aura que trés-peu ou point du tout d'éloignement, depuis le bord du Navire jufques
à la ligne.

Il feroit neceffaire aprés vous avoir montré
comme il faut faire, & toutes les Propofitions
qu'on doit mettre en pratique pour compofer

un Journal de Navigation pour aller à la Martinique, de vous faire connoître comme il faut revenir : Mais comme ce n'est que la même chose, il seroit inutile de vous en entretenir ; toutesfois il faut sçavoir que comme les vents d'Oüest & Nord-Oüest , soufflent plus ordinairement vers la Vermude ou vers le grand Banc de Terre-neuve , qu'il faut s'y élever au plûtôt ; c'est pourquoy au lieu de singler sur la route de l'Est Nord-Est pour revenir en France , qui est le droit rumb de vent, on fait gouverner on mettre le Cap au Nord Nord-Est , afin d'avoir plûtôt les vents d'avaux , & se retirer plus promptement des vents d'Est , & des calmes qui sont ordinaires vers les Isles de l'Amerique.

Et comme il peut arriver dans la Pratique de la Navigation , qu'on peut porter de la ligne & du premier Meridien , ou passer l'un & l'autre ; Nous en allons donner dans la suite , des Exemples que nous laissons la plûpart à résoudre aux Etudians , selon les principes & maximes expliquées dans le corps de ce Livre ; & dont nous mettons seulement le resultat qui leur servira d'Oracle , pour voir s'ils auront bien ou mal reüssi dans leurs operations.

SVPLE'MENT

AU JOURNAL

DE

NAVIGATION.

SUPLE'MENT,

 U toutes les Régles du Cercle ou Quartier de Proportion, font mif-s par ordre, tant celles qui font répanduës, expliquées & démontrées dans le corps de ce Livre, que celles qui peuvent tomber dans l'ufage de quelque Navigation que ce puiffe être, comme nous les enfeignons dans les Academies Royales d'Hydrographie.

DU MOYEN PARALELLE
ou moyenne Latitude.

D. *On demande quel eſt le moyen Paralelle entre* 32 *deg.* 30 *min.* & 48 *deg.* 30 *min. de Latitude Nord.*

R. Cét Exemple eſt expliqué & refolu dans la Page 9. de ce Livre.

Ff ij

D. *On demande quel eſt le moyen Paral-*
lelle entre 60 *&* 70 *deg. de Latitude Nord.*

R. Il eſt de 65 deg. 23 min.

D. *On demande quel eſt le moyen Pa-*
ralelle, entre 40 *&* 75 *deg. de Latitu-*
de Nord.

R. Il e de 62 deg.

D. *On demande quel eſt le moyen Pa-*
ralelle, entre la ligne Equinoxiale & 10
deg. de Latitude Nord.

R. Il eſt de 35 deg. 20 min.

D *On demande quel eſt le moyen Pa-*
ralelle entre 30 *deg de Latitude Nord,*
& 60 *deg. de Latitude Sud.*

R. Il eſt de 26 d g. ce qui ſe prouve en
prenant avec un Compas, une pointe ſur le
point de l'échelle qui eſt à côté du Cercle ou
Quartier de Proportion qui eſt ſans Latitude,
& qui repreſente la ligne Equinoxiale ; & l'autre ſur le point de 30 deg. le milieu ſera 15
deg. 40 min. enſuite prenant le milieu entre
la ligne & 60 deg. on aura 35 deg. 20 min.
puis prenant encore le milieu, entre 15 deg.
40 min. & 35 deg. 20 min. on trouve 26
deg pour le moyen Paralelle entre 30 d g.
de Latitude Nord, & 60 deg. de Latitude Sud.

D. *On demande combien il faut faire*
d. lieuës ſur chaque rumb de vent, pour

élever ou abaisser un degré en Latitude, & combien on doit avancer de lieuës à l'Est ou à l'Oüest.

R. Cét Exemple est resolu dans la page 180 de ce Livre, Proposition XI.

D On demande combien il faut faire de lieuës sur la route du Nord Nord-Est, pour élever ou abaisser 3 deg. 36 min en Latitude, & la difference en Longitude en lieuës.

R. Il faut faire 78 lieuës en route, & 29 lieuës & demie en Longitude vers l'Est.

PRATIQUE.

Comptés les 3 deg. 36 min. de Latitude sur le côté du Nord du Cercle ou Quartier de Proportion. Conduisés la Paralelle jusqu'au Nord Nord-Est, & piqués là une aiguille, si vous comptés par les Arcs, & du Centre du Cercle ou Quartier de Proportion, vous trouverés 98 lieuës en route, & par les travers & Paralelle à la premiere qui est l'Est, vous trouverés 29 lieuës & demie avancées à l'Est.

D. On demande combien il faut faire de lieuës sur la route du Nord-Oüest quart d'Oüest, pour elever ou abaisser 15 deg. 45 min en Latitude, & ce qu'on a avancé de lieuës en Longitude.

R. Il faut faire 576 lieuës en route, & 480 lieuës en Longitude ver l'Oüest.

Comme le Cercle ou le Quartier de Proportion n'ont pas assés d'étenduë, pour pouvoir compter les 15 deg. 45 min. de Latitude sur le Nord & Sud ; il faut prendre la moitié, le quart, ou le 8me. des 15 deg. 45 min. le 8me. étant donc 1 deg. 58 min. il le faut compter sur le Nord ou Sud du Cercle ou Quartier de Proportion , & aller couper le Nord-Oüest quart d'Oüest , & là piquer une aiguille, comptant du Centre & par les Arcs on trouve 72 lieuës, lesquelles multipliées par 8 , donnent 576 lieuës en route , comptant ensuite par les travers & Paralelle à la ligne d'Est ou Oüest A G, on trouvera 60 lieuës lesquelles multipliées par 8 , donneront 480 lieuës avancées en Longitude vers l'Oüest.

D. *On demande combien il faut faire de lieuës sur la route du Sud Oüest, pour élever ou abaisser 2 deg. 30 min. en Latitude, & les lieuës avancées en Longitude.*

R. Il faut faire en route 70 lieuës & demie, & en Longitude 49 lieuës & demie à l'Oüest.

D. *On demande combien il faut faire de lieuës sur la route du Sud-Est quart de Sud pour élever ou abaisser 4 deg. 8 min. en Latitude , & la difference en Longitude en lieuës.*

R. Il faut faire en route 100 lieuës, &
en Longitude 56 lieuës à l'Est.

D. *On demande combien 30 lieuës d'Est
ou Oüest, valent de deg. & min. en Longitude par la Latitude de 45 deg. 10 min.*

R. Cét Exemple est résolu & démontré
dans la Page 35. de ce Livre, Proposition VI.

D. *On demande combien 40 lieuës
d'Est ou Oüest, valent de deg. & min.
en Longitude par la Latitude de 60 deg.*

R. Les 40 lieuës d'Est ou Oüest valent 4
deg. en Longitude.

D. *On demande combien 80 lieu. d'Est
ou Oüest, valent de deg. & min. en Longitude par la Latit. de 22 deg. 30 min.*

R. Elles valent 4 deg. 20 min. en Longit.

D. *On demande combien 250 lieuës
d'Est ou Oüest, valent de deg. & min. en
Longitude par la Latitude de 70 deg.*

R. Elles valent 36 deg. 48 min. de Longit.

Comme on ne peut pas compter les 250
lieuës d'Est ou Oüest sur le Cercle ou Quartier de Proportion, il en faut prendre le huitiéme qui est 31 lieuës un quart, & agir avec
cela comme il est enseigné en la VI. Proposition de ce Livre, il vient 4 deg. 36 min.
qui n'est que le 8. dont cela étant multiplié
par 8, vient 36 deg. 48 min. de Longitude

pour la valeur des 250 lieuës d'Eſt ou Oüeſt.

D. *On demande combien* 30 *lieu.d'Eſt ou Oüeſt valent de deg.* & *min. en Longitude ſous le Pole.*

R. Elles ne valent rien, puiſque tous les Meridiens qui enferment la Longitude ſe joignent en ce point.

D. *On demande combien* 2 *deg* 9 *min. de Longitude, valent de lieuës d'Eſt ou Oüeſt par la Latitude de* 46 *deg.* 51 *min.*

R. Cet Exemple eſt reſolu & démontré dans la Page 178. de ce Livre Prop. XXXIX.

D. *On demande combien* 4 *deg* 30 *min. de Longitude, valent de lieuës d'Eſt ou Oüeſt par la Latitude de* 60 *deg.*

R. Ils valent 135 lieuë d'Eſt ou Oüeſt.

D. *On demande combien* 12 *deg.* 30 *min. de Longitude, valent de lieuës d'Eſt ou Oüeſt par la Latitude de* 45 *deg.*

R. Ils valent 176 lieuë d'Eſt ou Oüeſt.

D. *On demande combien* 7 *deg. de Longitude, valent de lieuës d'Eſt ou Oüeſt par la Latitude de* 56 *deg.* 15 *min.*

R. Ils valent 78 lieuës d'Eſt ou Oüeſt.

D. *On demande combien* 40 *deg.* 40 *min de Longit. valent de lieuës d'Eſt ou Oüeſt par la Latitude de* 51 *deg.*

R. Ils

R. Ils valent 512 lieuës d'Eſt ou Oüeſt.

Comme on ne peut pas compter les 40 deg. 40 min. de Longitude ſur le Cercle ou Quartier de Proportion, on eſt obligé d'en prendre le huitiéme qui eſt 5 deg. 5 min. & agir au reſte comme il eſt enſeigné en la Page 178 de ce Livre, Propoſition XXXIX; on trouvera 63 lieuës d'Eſt ou Oüeſt, leſquelles multipliées par 8, donneront 504 lieuës d'Eſt ou Oüeſt valeur des 40 deg. 40 min. de Longit.

D. *On demande combien* 100 *lieuës faites au Nord ou au Sud, valent de deg. & min. en Latitude.*

R. Eles valent 5 deg. en Latitude; la raiſon c'eſt qu'il y a 60 minutes pour un deg. & 20 lieuës pour le même degré, dont il y a 3 min. pour une lieuë, parce que diviſant 60 min. pour 20 lieuës, il vient 3 min. pour lieuë.

D. *On demande combien* 46 *lieuës ſinglées au Nord, valent de deg. & min. en Latitude.*

R. Elles valent 2 deg. 18 min. car les 46 lieuës étans diviſées par 20 valeur d'un deg. en Latitude, il vient au quotient 2 deg. 18 min.

On peut encore pour éviter la diviſion couper la derniere figure qui eſt 6, & prendre la moitié de 4 qui ſont 2 deg. & tripler la Figure 6 qui ſont 18 min.

D. *Aprés avoir ſinglé ſur la route du*

G g

Nord-Oüeſt 40 *lieuës. On demande com-*
bien on a avancé de lieuës & de deg. en
Latitude, & de lieuës en Longitude.

R. On a avancé au Nord 28 lieuës, qui
valent un deg. 24 min. en Latitude, & 28
lieuës en Longitude à l'Oüeſt.

P R A T I Q U E.

Comptés les 40 lieuës ſur les Arcs & du
Centre du Cercle ou Quartier de Proportion
A, ſur la route du Nord-Oüeſt, là où elles
finiſſent piqués une aiguille, puis comptés de
bas en haut ſur la Meridiene, vous trouverés
28 lieuës avancées au Nord, qui valent un
deg. 24 min. en Latitude, puis comptés par
les travers Paralelle à la ligne A G, vous trouverés 28 lieuës avancées à l'Oüeſt.

D. *I'ay ſinglé au Sud-Eſt quart de Sud*
36 *lieuës. Ie demande combien j'ay avan-*
cé de lieuës & de deg. en Latitude, & de
lieuës en Longitude.

R. J'ay avancé au Sud 30 lieuës qui valent
un deg. 30 minutes en Latitude, & 20 lieuës
en Longitude à l'Eſt.

D. *I'ay ſinglé au Sud-Oüeſt quart*
d'Oüeſt 70 *lieuës. Ie demande combien*
j'ay avancé de lieuës & de deg. en Lati-
tude, & de lieuës en Longitude.

J'ay avancé au Sud 39 lieuës qui valent un deg. 57 min. en Latitude, 58 lieuës un quart en Longitude à l'Oüest.

D. *J'ay finglé au Nord Nord-Eft 84 lieuës Ie demande combien j'ay avancé de lieuës & de deg. en Latitude, & de lieuës en Longitude.*

R. J'ay avancé au Nord 78 lieuës, qui valent 3 deg. 54 min. en Latitude, & 32 lieuës en Longitude à l'Eſt.

D. *J'ay finglé à plufieurs routes, fça-voir au Nord-Eft 20 lieuës. Plus au Nord Nord-Oüeft 10 lieuës. Plus au Sud-Eft quart de Sud 12 lieuës Plus au Sud-Oüeft quart d'Oüeft 13 lieuës. Je demande com-bien j'ay avancé de lieuës & de deg en Latitude, & de lieuës en Longitude.*

R. J'ay avancé au Nord 6 lieues un quart, qui valent 18 min. en Latitude, & 6 lieuës & demie à l'Eſt.

P R A T I Q U E.

Les 20 lieuës finglées au Nord Eſt, don-nent 14 lieuës un quart au Nord, & 14 lieuës un quart à l'Eſt.

Les 10 lieuës faites fur la route du Nord Nord-Oüeft, donnent 9 lieuës un quart au Nord, & 3 lieuës trois quarts au Oüeft.

Les 12 lieuës finglées au Sud-Eft quart de
Sud, donnent 10 lieuës au Sud, & 6 lieuës
trois quarts à l'Eft.

Les 13 lieuës finglées au Sud-Oüeft quart
d'Oüeft, donnent 7 lieuës un quart au Sud,
& 10 lieuës 3 quarts à l'Oüeft.

Donc ajoûtant 14 lieuës un quart avec 9
lieuës un quart, font enfemble 23 lieuës &
demie au Nord. Ajoûtant auffi les 10 lieuës,
& 7 lieuës 1 quart, font enfemble 17 lieuës 1
quart, lefquelles ôtées de 23 lieuës & demie au
Nord, refte 6 lieuës 1 quart plus Nord, qui
valent 19 min en Latitude vers le Nord.

Ajoûtant 14 lieuës un quart & 6 lieuës
3 quarts, font enfemble 21 lieuës, ajoûtant
auffi 3 lieuës 3 quarts avec 10 lieuës 3 quarts,
font enfemble 14 lieuës & demie à l'Oüeft,
dont ôtant 14 lieuës & demie à l'Oüeft, de
21 lieuës & demie à l'Eft, refte 6 lieuës & demie plus Eft, & ainfi des autres Exemples
de cét efpace.

D. *J'ay finglé au Nord Oüeft 24 lieuës.
Plus au Nord Nord-Oüeft 17 lieuës Plus
au Oüeft Sud-Oüeft 50 lieuës. Je demande combien j'ay avancé de lieuës & de
deg en Latit. & de lieuës en Longitude.*

R. J'ay avancé au Nord 21 lieuës 1 quart,
qui valent 1 deg. 4 min. en Latitude & 51
lieuës un quart en Longitude à l'Oüeft.

D. J'ay singlé au Sud-Est 29 lieuës.
Plus au Sud Sud-Est 23 lieuës. Plus à
l'Est Sud-Est 22 lieuës. Ie demande combien j'ay avancé de lieuës & de deg. en
Latitude, & de lieuës en Longitude.

R. J'ay avancé au Sud 50 lieuës un quart,
qui valent 2 deg. 31 minutes en Latitude, &
49 lieuës & demie en Longitude à l'Est.

D. Je pars de 45 deg. 10 min. de Latitude Nord, & de 6 deg. 50 min. de
Longitude, j'ay fait sur la route du Nord-
Est quart d'Est 50 lieuës. Ie demande par quelle Latitude & Longitude je
suis arrivé.

R. Cét Exemple est résolu & démontré
dans la Page 39. de ce Livre, Proposition VII.

Avant que de résoudre cette proposition &
les autres suivantes, il faut sçavoir par mémoire les VI Maximes qui sont données &
démontrées dans la X L I. Proposition de ce
Livre, Page 187. & suivantes, qui donnent
toute l'intelligence des régles du Cercle ou
Quartier de Proportion, & sans lesquelles il
est impossible d'en résoudre aucune.

D. On supose partir d'un lieu qui est
par 37 deg. de Latitude Nord, & par 9
deg. 10 min. de Longitude on a singlé
au N. O. 60 lieuës. On demande par

quelle *Latitude & Longitude on eſt arrivé.*

R. On eſt arrivé par 39 deg. 6 min. de Latitude Nord, & par 6 deg. 28 min. de Longitude.

D. *On ſupoſe partir d'un lieu qui eſt par 46 deg. 40 min. de Latitude Nord, & par 330 deg. 30 min. de Longitude, on a ſinglé au Sud Sud-Eſt 70 lieuës. On demande par quelle Latitude & Longitude on eſt arrivé.*

R. On eſt arrivé par 43 deg. 28 min. de Latitude Nord, & par 332 deg. 22 min. de Longitude.

D. *On ſupoſe partir de 21 deg. 15 min. de Latitude Nord, & de 305 deg. 12 min. de Longitude, on a ſinglé au N. E. quart E. 62 lieuës. On demande par quelle Latitude & Longitude je ſuis arrivé.*

R. On eſt arrivé par 23 deg. min. de Latitude Nord, & par 308 deg. 2 min. de Longitude.

D. *Je pars de la Ligne & du premier Meridien, jay ſinglé ſur la route du Nord Oüeſt 40 lieuës Je demande par quelle Latitude & Longitude je ſuis arrivé.*

R. Je ſuis arrivé par un deg. 24 min. de Latitude Nord, & par 358 deg. 36 min. de Longitude.

On trouve par l'Exemple de la Page 252. que les 40 lieuës finglées fur la route du Nord-Oüeft, donnent 28 lieuës au Nord qui valent un deg. 24 min. en Latitude, dont on eft arrivé par un deg. 24 min. de Latitude Nord.

On a aufsi avancé 28 lieuës à l'Oüeft, qui valent aufsi un deg. de Longitude, lequel étant ôté de 360 deg. refte 358 deg. 36 min. pour la Longitude arrivée.

Si on avoit été entre le Sud & l'Eft autant de lieuës, on feroit arrivé à la même Latitude du côté du Sud, & à un deg. 24 minutes de Longitude à l'Eft du premier Méridien.

D. *On part d'un deg. de Latitude Nord, & d'un deg. de Longitude, on a finglé au Sud-Oüeft quart d'Oüeft 70 lieuës. On demande par quelle Latitude & Longitude on eft arrivé.*

R. On eft arrivé par 57 min. de Latitude Sud, & par 358 deg. 6 min. de Longitude.

PRATIQUE.

On a avancé au Sud 39 lieuës qui valent un deg. 57 min. en Latitude. Or comme on eft party d'un deg. de Latitude Nord, on doit ôter ce degré d'un deg. 57 min. refte 57 min. de Latitude Sud arrivée, parce que la

difference se trouve plus grande que la Latitude partie & qu'il faut souftraire l'une de l'autre.

Les 58 lieuës un quart qu'on a avancé au
Oüeft , valent 2 deg. 55 min. de Longitude
vers l'Oüeft , lefquels ôtés d'un degré de Longitude partie , ce qui ne fe peut , il faut pour
cela emprunter le tour du Monde , qui contient 360 deg. & l'ajoûter avec un degré ,
le tout fait 361 deg. dont ôtant 2 deg. 55
min. refte 357 deg. 5 min. pour la Longitude arrivée à l'Oüeft du premier Meridien.

D. *On part de 2 deg de Latitude Sud,*
& de 359 deg. 25 min. de Longitude , on
a finglé au Nord Nord-Eft 84 lieuës.
On demande par quelle Latitude & Lon-
gitude on eft arrivé.

R. On eft arrive par un deg. 54 min. de
Latitude Nord, & par un deg. une min. de
Longitude à l'Eft du premier Meridien.

PRATIQUE.

Les 84 lieuës pointées fur la route du Nord
Nord-Eft , donnent 78 lieuës au Nord, qui
valent 3 deg. 54 min. en Latitude, lefquels
étans ôtés de 2 deg. de la Latitude partie
Sud, refte un deg. 54 min. pour la Latitude
arrivée du côté du Nord , on paffe donc par
confequent la Ligne Equinoxiale.

On

On trouve auſſi avoir avancé à l'Eſt 32 lieuës, qui valent 1 deg. 36 min. en Longitude, qu'il faut ajoûter avec 359 deg. 25 min. Longitude partie, vient 361 deg. 1 minute, mais comme la plus grande Longitude n'eſt que de 360 deg. il en faut ôter le nombre, reſte un deg. une min. pour la Longitude arrivée à l'Eſt du premier Meridien, dont on paſſe le premier Meridien.

D. Ie pars de 45 deg. 27 min. de Latitude Nord, & de 9 deg. 14 min. de Longitude, j'ay fait ſur la route du Sud Sud Oüeſt 5 lieuës. Plus au Nord quart de Nord Oüeſt une lieue. Plus au Sud quart de Sud-Eſt 6 lieuës. Plus au Nord-Oüeſt quart de Nord 6 lieuës. Ie demande apres toutes ces routes par quelle Latitude & Longitude je ſuis arrivé, la route que j'ay faite en ligne droite, & le chemin par le plus court.

R. Cet Exemple eſt réſolu & démontré en la Page 29 de ce Livre, Propoſition V.

D. On ſupoſe être parti de 43 deg. de Latitude Nord, & de 3 deg. de Longitude, on a ſinglé au Nord Eſt 20 lieuës. Plus au Nord Nord-Oüeſt 10 lieuës. Plus au Sud-Eſt quart de Sud 12 lieuës. Plus

H h

au Sud-Oüeſt quart d'Oüeſt 13 lieuës. On demande par quelle *Latitude* & *Longitude* on eſt arrivé, la route en ligne droite & le chemin par le plus court.

R. On eſt arrivé par 43 deg. 15 min. de Latitude Nord, & par 3 degrez 27 minutes de Longitude, la route en ligne droite eſt le Nord-Eſt, prenant 1 deg. plus Eſt, & le chemin par le plus court eſt de 9 lieuës 1 quart.

D. On *ſupoſe partir de* 37 *deg. de Lati. Nord, & de* 9 *deg.* 10 *min. de Long. on a ſinglé au Nord-Oüeſt* 24 *lieuës. Plus au Nord Nord-Oueſt* 17 *lieues. Plus au Oüeſt Sud-Oüeſt* 30 *lieuës. On demande par quelle Latit.* & *Long. on eſt arrivé, la route en ligne droite* & *le chemin pour le plus court.*

R. On eſt arrivé par 38 deg. 4 min. de Latitude Nord & par 5 deg. 55 min. de Longitude, la route en ligne droite eſt l'Oüeſt Sud-Oüeſt, & le chemin par le plus court eſt de 55 lieuës & demie.

D. On *ſupoſe partir de la Ligne* & *du premier Meridien, on a ſinglé au Sud-Oüeſt quart de Sud* 28 *lieuës. Plus au Sud-Oüeſt quart d'Oüeſt* 27 *lieuës. Plus au Sud-Oüeſt* 7 *lieuës. On demande par quelle Latitude* & *Longitude je ſuis ar-*

rivé, la route en ligne droite, & le chemin par le plus court.

R. On est arrivé par 2 deg. 10 min. de Latitude Sud, & par 357 deg. 51 min. de Longitude, la route en ligne droite est le Sud-Oüest,
prenant un deg. 30 min. plus Sud, & le che--
min par le plus court est de 59 lieuës & demie.

D. On supose partir de la Ligne & du
premier Meridien, on a singlé au Nord-Est
15 lieuës. Plus au Nord Nord-Est 17
lieuës. Plus au Nord-Est quart d Est 28
lieuës. On demande par quelle Latitude
& Longit. on est arrivé, la route en ligne
droite, & le chemin par le plus court.

R. On est arrivé par 2 deg. 8 min. de Latitude Nord, & par 2 deg. 4 min. de Longitude, la route en ligne droite est le Nord-
Est, prenant un deg. vers le Nord, & le chemin par le plus court est de 59 lieuës & demie.

D. On supose partir d'un deg. 15 min.
de Latitude Nord, & de 45 min. de Longitude, on a singlé au Sud-Oüest quart
de Sud 28 lieuës. Plus au Sud-Oüest quart
d'Oüest 27 lieues. Plus au Sud-Oüest 7
lieues. On demande par quelle Latitude
& Longitude on est arrivé, la route en
ligne droite, & le chemin par le plus court.

R. On est arrivé par 55 min. de Latitude
Sud , & par 357 deg. 36 min. de Longitude,
la route en ligne droite est le Sud-Ouest , prenant 15 min plus Ouest, & le chemin par le
plus court est de 61 lieuës; on comprend assés que dans les deux derniers Exemples qu'on
passe la Ligne & le premier Meridien.

D. *Ie pars de 48 deg. 33 min. de Lati-*
tude Nord, & de 12 deg. 18 min. de Lon-
gitude, j'ay singlé sur la route du Sud-Ouest
quart de Sud jusques à la Latitude de 46
deg. 33 min aussi Nord. Ie demande le
chemin que j'ay fait & la Longitude où
je suis arrivé.

R. Cét Exemple est résolu & démontré dans
la Page 21. de ce Livre , Proposition III.

D. *On supose partir de 43 deg. de La-*
titude Nord, & de 8 deg. 30 min. de Lon-
gitude, on a singlé au Nord Ouest jusqu'à
la Latitude de 44 deg. 36 min aussi
Nord On demande le chemin qu'on a fait,
& la Longitude où l'on est arrivé.

R. Le chemin est de 45 lieuës & demie ,
& la Longitude arrivée est de 6 deg. 17 min.

D. *On supose partir de 21 deg. 15 min.*
de Latitude Nord, & de 305 deg. 12 min.
de Longitude, on a singlé au Nord-Est

*quart d'Est jusqu'à la Latitude de 23 deg.
15 min. de Latitude aussi Nord. On demande le chemin qu'on a fait, & la Longitude où l'on est arrivé.*

R. On a fait 73 lieuës en route, & on est
arrivé par 308 deg. 28 min. de Longitude.

D. *On est party du Cap de Ras qui est
par 46 deg. 40 min. de Latitude Nord,
& par 330 deg. 30 min. de Longitude,
on a singlé au Sud Sud-Est jusqu'à la Latitude de 43 deg. aussi Nord. On demande le chemin qu'on a fait, & la Longitude où l'on est arrivé.*

R. Le Navire a fait 79 lieuës en route, &
la Longitude arrivée est de 332 deg. 35 min.

D. *On supose partir de la Ligne &
du premier Meridien, on a singlé au Nord-
Est quart de Nord, jusqu'à la Latitude de
3 deg. 15 min. Nord. On demande le chemin qu'on a fait, & la Longitude où
l'on est arrivé.*

R. On a fait en route 78 lieuës & demie,
& on est arrivé par 2 deg. 10 min. de Longit.

D. *On supose partir de la Ligne & du
premier Meridien, on a singlé au Sud-
Oüest jusqu'à la Latitude de 3 deg. 15 min.
Sud. On demande le chemin qu'on a*

fait, & la Longitude où l'on est arrivé.

R. O a fait en route 88 lieuës, & on est arrivé par 356 deg. 54 min.

D. On supose partir de 2 deg. de Latitude Nord, & de 2 deg. 10 min. de Longitude, on a singlé au Sud-Oüest quart-d'Oüest jusqu'à la Latitude de 30 min. Sud. On demande le chemin du Navire, & la Longitude arrivée.

R. Le Navire a fait 78 lieuës & demie en route, & est arrivé par 358 deg. 57 min. de Longitude.

D. On supose partir de 3 deg. de Latitude Sud, & de 358 deg. 45 min. de Longitude, on a singlé au Nord-Est quart de Nord jusqu'à la Latitude d'un deg. 4 min. du côté du Nord. On demande le chemin que le Navire a fait, & par quelle Longitude on est arrivé.

R. Le Navire a fait 97 lieuës, & on est arrivé par un deg. 27 min. de Longitude.

On voit bien que dans les 2. dernieres régles qu'on passe la Ligne & le premier Meridien.

D. Ie pars de 44 deg. 39 min. de Latitude Nord, & de 8 deg. 49 min. de Longitude, j'ay singlé entre le Sud & l'Ouest 40 lieues, & par ma hauteur je me suis trouvé être arrivé à 43 degrés 34 min de Latitude, aussi Nord. Ie demande le Rumb de vent que j'ay fait & la Longitude où je suis arrivé.

R. Cét Exemple est resolu & démontré en la Page 50 de ce Livre, Proposition XI.

D. On supose partir de 43 deg. de Latitude Nord, & de 8 deg. de Longitude, on a singlé entre le Nord & l'Ouest 60 lieues, & on est arrivé à 45 deg. 30 min. aussi Nord. On demande le Rumb de vent & la Longitude où l'on est arrivé.

R. Le Rumb de vent est le Nord-Oüest quart d'Oüest, prenant 4 deg. vers l'Oüest, & la Longitude arrivée est de 4 deg. 22 min.

D. On supose partir d'un lieu qui est par 51 deg. 18 min. de Latitude Nord, & de 8 deg. 50 min. de Longitude, j'ay singlé entre le Sud & l'Est 20 lieues & suis arrivé par 50 deg. 45 min. de Latitude aussi Nord. On demande le rumb de vent & la Longitude arrivée.

R. Le Rumb de vent est le Sud-Est quart d'Est, prenant 3 deg. 30 min. vers l'Est, & la Longitude arrivée est de 12 deg. 62 min.

D. On supose partir de 44 deg. de Latitude Nord, & de 2 deg. de Longitude,

on a singlé entre le Nord & l'Est 50
lieues, & on est arrivé par 45 deg. 45
min. de Latitude aussi Nord. On demande le Rumb de vent qu'on a fait & la
Longitude où l'on est arrivé.

R. Le Rumb de vent est le Nord-Est, &
la Longitude arrivée est de 4 deg. 30 min.

D. On supose partir de la Ligne & du
premier Meridien, on a singlé entre le
Nord & l'Est 70 lieues, & on est arrivé
à 3 deg. de Latitude Nord. On demande le Rumb de vent & la Longit. arrivée.

R. Le Rumb de vent est le Nord-Est quart
de Nord, prenant 3 deg. vers le Nord, & la
Longitude arrivé est d'un deg. 48 min.

D. On supose partir de la Ligne & du
premier Meridien, on a singlé entre le Sud
& l'Ouest 80 lieues, & on est arrivé
par 3 deg. 45 min. de Latitude Sud. On
demande le Rumb de vent qu'on a tenu
& la Longitude où l'on est arrivé.

R. Le Rumb de vent est le Sud Sud Ouest,
prenant 2 deg. vers le Sud, & la Longitude
arrivée est de 358 deg. 26 min.

D. On part de 2 deg. de Latitude Nord,
& de 3 deg. de Longitude, on a singlé
entre le Sud & l'Ouest 100 lieues, & on
est

est arrivé à un deg. de Latitude Sud. On demande le Rumb de vent sur lequel on a été, & la Longitude où l'on est arrivé.

R. Le Rumb de vent est le Sud-Oüest, prenant 3 deg. 30 min. vers le Sud, & la Longitude arrivée est de 358 deg.

D. On supose partir de 3 deg. de Latitude Nord, & de 359 deg. 50 min. de Longitude, on a singlé entre le Sud & l'Est 90 licuës, & on est arrivé par un deg. de Latitude Sud. On demande le Rumb de vent & la Longitude arrivée.

R. On est arrivé par un deg. 50 min. de Longitude, & le Rumb de vent est le Sud Sud-Est, prenant 3 deg. 30 min. vers l'Est.

D. Ie pars de je ne sçay quelle Latitude ni Longitude, mais je sçay que j'ay fait sur la route du Nord-Est quart de Nord 70 licuës, & qu'aprés avoir fait ce chemin, je suis arrivé à Oüessant qui est par 48 deg. 30 min. de Latitude Nord, & 12 deg. 30 min. de Longitude. Je demande de quelle Latit. & Longit. je suis party.

R. Cét Exemple est résolu dans la Page 175. de ce Livre, Proposition XXXVIII.

D. Ie suis arrivé à un lieu qui est par 39 deg. de Latitude Nord, & à 8 deg. 35

I i

min de Longitude, aprés avoir fait au
Sud-Eſt 7½ lieuës. Je demande de quelle
Latitude & Longitude je ſuis party.

R Je ſuis party de 41 deg. 31 min. de Latitude Nord, & de 5 deg. 14 min. de Longit.

D. On eſt arrivé par 44 deg. de Latitude Nord, & par 10 deg. 12 min. de
Longitude, aprés avoir fait au Sud-Oüeſt
quart de Sud 60 lieuës. On demande de
quelle Latitude & Longit. je ſuis party.

R. Je ſuis party de 46 deg. 6 min. de Latitude Nord, & de 13 deg. 12 min. de Longit.

D. On eſt arrivé à un lieu qui eſt par
38 deg. de Latitude Nord, & par 351
deg. de Longit. aprés avoir fait au Nord
Nord-Oüeſt 50 lieuës. On demande de
quelle Latitude & Longitude je ſuis party.

R. On eſt party de 36 deg. 11 min. de Latitude Nord, & de 252 deg. 14 min. de Longit.

D. On eſt arrivé à la Ligne & au
premier Meridien, aprés avoir fait ſur la
route du Nord-Eſt quart d'Eſt 48 lieuës.
On demande de quelle Latitude & Longitude on eſt party.

R. On eſt party d'un deg. 19 min. de Latitude Sud & de 358 deg. de Longitude.

D. On eſt arrivé à la Ligne & au

premier *Meridien*, aprés avoir fait 70
lieuës fur la route du Oüeft Sud-Oüeft.
On demande de quelle Latitude & Longitude on eft party.

R. On eft party d'un deg. 19 min. de Latitude Nord, & de 3 deg. 12 min. de Longit.

D. *On eft arrivé à un deg de Latitude Nord & à un deg de Longitude, aprés avoir fait fur la route du Nord-Eft quart-de Nord 80 lieuës. On demande de quelle Latitude & Longitude je fuis party.*

R. On eft party d'un deg. 57 min. de Latitude Sud, & de 357 deg. 9 min. de Longit.

D. *On eft arrivé à 2 deg. 10 min. de Latitude Sud, & à 359 deg. 15 min. de Longitude, aprés avoir fait 90 lieuës fur la route du Sud-Oüeft. On demande de quelle Latitude & Longitude on eft party.*

R. On eft party d'un deg. 2 min. de Latitude Nord, & de 2 deg. 27 min. de Longitude.

RE'GLES DE DISTANCES.

D. *Ie fupofe partir d'un lieu qui eft par 48 deg. 30 min. de Latitude Nord, & par 12 deg. 30 min. de Longitude, je veux aler à un autre lieu qui eft par*

l i ij

32 *deg.* 30 *min. de Latitude auſſi Nord,*
& par un deg. de Longitude. Je demande
la route & le chemin qu'on doit faire
pour y arriver.

R. Cét Exemple eſt réſolu dans la Page
9. de ce Livre.

D. *Ie pars d'un lieu qui eſt par* 17
deg. 52 *min. de Latitude Nord, & par*
317 *deg.* 22 *min. de Longitude, je veux*
aler à un autre lieu qui eſt par 43 *deg.* 20
min. de Longitude. Je demande le chemin
& le Rumb de vent que je dois faire
pour y arriver.

R. Le chemin eſt de 524 lieuës, & le
Rumb de vent eſt le Nord quart de Nord-Eſt,
prenant 2 deg. plus Éſt.

D. *On ſupoſe partir de* 51 *deg.* 18 *min.*
de Latitude Nord, & de 7 *deg.* 50 *min.*
de Longitude, on veut aler par 48 *deg.*
30 *min. de Latitude auſſi Nord, & par*
12 *deg.* 30 *min. de Longitude. On de-*
mande le chemin qu'on doit faire, & le
Rumb de vent ſur lequel on doit ſingler.

R. Il faut faire 82 lieuës & demie ſur la
route du Sud-Eſt , prenant 2 deg. 15 minutes plus Eſt.

D. *On ſupoſe partir d'un lieu qui eſt*

par 44 deg. de Latitude Nord, & par
10 deg. 22 min. de Longitude, on veut
aler à un autre lieu qui eſt par 51 deg. 18
min. de Latitude auſſi Nord, & par 7 deg.
50 min de Longitude. On demande la route
& le chemin qu'il faut faire pour y arriver.

R. Il faut faire 150 lieuës ſur la route du
Nord quart de Nord-Oüeſt, prenant 2 deg.
45 min. plus Oüeſt.

D. On ſupoſe partir de la Ligne &
du premier Meridien, on veut aler par
14 deg. 10 min. de Latitude Nord, &
par 353 deg. de Longitude. On demande la
route & le chemin qu'il faut faire.

R. Il faut faire 158 lieuës ſur la route du
Nord Nord-Oüeſt, prenant 3 deg. 30 min.
du côté du Oüeſt.

D. On ſupoſe partir de la Ligne &
du premier Meridien, on veut aler à 8
deg. de Latitude Sud, & à 6 deg. 10 min.
de Longitude. On demande la route & le
chemin qu'il faut faire.

R. Il faut faire 202 lieuës ſur la route du
Sud-Eſt quart de Sud, prenant 4 deg. plus Eſt.

D. On ſupoſe partir de la Ligne & du
premier Meridien, on veut aler à 60 deg.
de Latitude Nord & à 60 deg. de Lon-

gitude. *On demande la route & le chemin
qu'il faut faire.*

R. Il faut faire 1552 lieuës, sur la route du
Nord Est, prenant 4 deg. 30 min. vers l'Est.

D. *Ie supose partir d'un lieu qui est
par 3 deg. 46 min. de Latitude Sud & par
351 deg. 43 min. de Longitude ; je veux
aler à un autre lieu qui est par 4 degrés
20 min. de Latitude Nord, & à 11 deg.
20 min de Longitude. Ie demande la route
& le chemin qu'il faut faire.*

R. Il faut faire 424 lieuës sur la route de
l'Est Nord-Est.

D. *On supose partir de 6 deg. 30 min.
de Latitude Nord, & 6 deg. de Longitude,
on veut aler à 3 deg. 40 min. de Latitude Sud, & à 351 deg. 50 min. de Longitude. On demande la route & le chemin
qu'il faut faire.*

R, Il faut faire 358 lieuës sur la route du
Sud-Oüest quart-d'Oüest un deg. plus Sud.

I. CORRECTION.

D. *Ie pars de 26 deg. 59 min. de Latitude Nord, & de 348 deg. 8 min. de
Longitude, j'ay singlé par estime sur la*

route du Sud Sud-Oüest 40 lieuës, mais prenant hauteur, j'ay trouvé être arrivé par 25 deg. 19 minutes de Latitude auſſi Nord. Ie demande le chemin corrigé, & la Longitude corrigée & arrivée.

R. Cét Exemple eſt réſolu dans la Page 106. de ce Livre, Propoſition XXIV.

D. Ie ſupoſe être party de 43 deg. de Latitude Nord, & de 8 deg. de Longitude, j'ay ſinglé par eſtime ſur la route du Nord quart de Nord-Oüeſt 45 lieuës, & ſuis arrivé par 45 deg. 30 min. de Latitude auſſi Nord. Ie demande le chemin, & la Longitude corrigée & arrivée.

R. Le chemin corrigé eſt de 57 lieuës, & la Longitude corrigée & arrivée eſt de 7 degrés 6 minutes.

D. Ie pars de 51 deg. 18 min. de Latitude Nord, & de 11 deg. 30 min. j'ay ſinglé par eſtime au Sud Sud-Eſt 60 lieuës, & ſuis arrivé par 48 deg. de Latitude auſſi Nord. Ie demande le chemin corrigé, & la Longitude corrigée & arrivée.

R. Le chemin corrigé eſt de 72 lieuës, & la Longitude corrigée & arivée eſt de 13 degrés 37 minutes.

D. On ſupoſe être party de 44 deg. de

Latitude Nord, & de 2 deg. de Longitude, on a finglé par eftime 50 lieuës fur
la route du Nord quart de Nord-Eft, &
on eft arivé par 46 deg. 36 min. de Latitude auffi Nord. On demande le chemin,
& la Longitude corrigée & arrivée.

R. Le chemin corrigé eft de 53 lieuës
& demie , & la Longitude corrigée & arrivée
eft de 2 deg. 44 minutes.

D. Ie pars de la Ligne & du premier
Meridien , j'ay finglé par eftime au Sud
Sud-Oüeft 40 lieuës, & fuis arivé à 2
deg. de Latitude Sud. Ie demande le chemin, & la Longitude corrigée & arrivée.

R. Le chemin corrigé eft de 43 lieuës
& demie , & la Longitude corrigée & arrivée
eft de 359 deg. 10 min.

D. Ie pars de la Ligne & du premier
Meridien , j'ay finglé par eftime 60 lieuës
fur la route du Sud Sud-Eft , & fuis
arivé à 3 deg. 15 min. de Latitude Sud.
Ie demande le chemin corrigé, & la Longitude corrigée & arrivée.

R. Le chemin corrigé eft de 71 lieuës,
& la Longitude corrigée & arrivée eft d'un
degré 21 minutes.

D. Ie pars de 30 min. de Latitude Sud
&

& de 359 deg. 45 min de Longitude, j'ay singlé par estime 75 lieuës sur la route du Nord Nord-Est, & suis arrivé par 3 deg. 15 min. de Latitude Nord. Ie demande le chemin, & la Longit. corrigée & arrivée.

R. Le chemin corrigé est de 81 lieuës & demie, & la Longitude corrigée & arrivée, est d'un deg. 18 minutes de Longitude.

D. Ie pars de 45 min. de Latitude Nord, & de 30 min. de Longitude, j'ay singlé par estime 90 lieuës sur la route du Sud Sud-Oüest, & suis arrivé par 3 deg. 36 min. de Latitude Sud. Ie demande le chemin corrigé, & la Longitude corrigée & arrivée.

R. Le chemin corrigé est de 94 lieuës & demie, & la Longitude corrigée & arivée est de 358 deg. 42 min.

I. CORRECTION PAR PLUSIEURS ROUTES.

D. Ie pars de 25 deg. 19 min. de Latitude Nord, & par 347 deg. 22 min. de Longitude, j'ay singlé par estime sur la route du Sud Sud-Oüest 12 lieuës, plus au Sud quart de Sud-Oüest 12 lieuës, & par ma

K k

hauteur je suis arrivé par 24 deg. 49 min. de Latitude aussi Nord. Ie demande le Rumb de vent en ligne droite, le chemin corrigé sur le tout, & la Longitude corrigée & arrivée.

R. Cét Exemple est résolu & démontré dans la Page 110. de ce Livre. Proposition XXV.

D. On supose partir de 43 deg. de Latitude Nord, & de 8 deg. de Longitude, j'ay singlé par estime 15 lieuës au Nord, quart de Nord Est, plus au Nord Nord-Est 26 lieuës, & suis arrivé par 45 deg. de Latitude aussi Nord. On demande le Rumb de vent en ligne droite, le chemin corrigé sur le tout, & la Longitude corrigée & arrivée.

R. Le Rumb de vent en ligne droite est le Nord Nord Est, prenant 4 deg. 30 min. vers le Nord, le chemin corrigé sur le tout est de 42 lieuës, & la Longitude corrigée & arrivée est de 8 deg. 54 min.

D. On part de 51 deg. 18 min. de Latitude Nord, & de 11 deg. 30 min. de Longitude, on a singlé par estime 30 lieuës au Sud Sud-Est, plus au Sud quart Sud-Est 10 lieuës, & on est arrivé par 49 deg. de Latitude aussi Nord. On demande

la Rumb de vent en ligne droite, le chemin corrigé fur le tout, & la Longitude
corrigée & arrivée.

R. Le Rumb de vent en ligne droite eſt
le Sud Sud Eſt, prenant 3 deg. vers le Sud,
le chemin corigé ſur le tout eſt de 49 lieuës,
& la Longitude corrigée & arrivée, eſt de 12
deg. 48 minutes.

D. On part de 43 deg. de Latitude Nord,
& de 8 deg. de Longitude, on a ſinglé par
eſtime 18 lie. au Nord quart de Nord-Oüeſt,
plus au Nord Nord-Oüeſt 20 lieuës, & on
eſt arrivé par 45 deg. de Latitude auſſi
Nord. On demande le Rumb de vent en
ligne droite, le chemin corrigé ſur le tout,
& la Longitude corrigée & arrivée.

R. Le Rumb de vent en ligne droite eſt
le Nord Nord-Oüeſt, prenant 5 deg. vers le
Nord, le chemin corrigé ſur le tout eſt de 42
lieuës, & la Longitude corrigée & arrivée
eſt de 7 deg. 9 min.

D. On ſupoſe partir de la Ligne & du
premier Meridien, on a ſinglé par eſtime
22 lieuës au Nord quart de Nord-Oüeſt,
plus au Nord Nord-Oüeſt 15 lieuës, & on
eſt arrivé par 2 degrés de Latitude Nord.
On demande le Rumb de vent en ligne

droite , *& la Longitude corrigée &
arrivée.*

R Le Rumb de vent en ligne droite eſt
le Nord quart de Nord-Oüeſt, prenant 5 deg.
vers l'Oüeſt, le chemin corrigé ſur le tout eſt
de 41 lieuës trois quarts, & la Longitude corrigée & arivée eſt de 359 deg. 25 min.

D. *On part de la Ligne & du premier
Meridien, on a ſinglé par eſtime 12 lieuës
au Sud quart de Sud-Eſt, plus au Sud Sud-
Eſt 17 lieuës, & on eſt arrivé par un
deg. 33 min. de Latitude Sud. Ou demande le Rumb de vent en ligne droite, & la
Longitude corrigée & arrivée.*

R. Le Rumb de vent en ligne droite eſt
le Sud Sud-Eſt 4 deg. 30 min. plus Sud, le
chemin corrigé ſur le tout eſt de 33 lieuës, &
la Longitude corrigée & arrivée eſt de 30 min.
à l'Eſt du premier Meridien.

D. *Ie pars de 30 min. de Latitude Nord,
& de 15 min. de Longitude, j'ay ſinglé par
eſtime au Sud quart Sud-Oüeſt 20 lieuës,
plus au Sud Sud-Oüeſt 18 lieuës, & ſuis
arrivé par un deg. de Latitude Sud. Ie demande le Rumb de vent en ligne droite ,
le chemin corrigé ſur le tout , & la Longitude corigée & arrivée.*

R. Le Rumb de vent en ligne droite eſt
le Sud Sud-Oüeſt, prenant 4 deg. 30 min.
vers le Sud, le chemin corrigé ſur le tout eſt
de 32 lieuës, & la Longitude corrigée & arrivée eſt de 359 deg. 47 min.

D. *Ie pars de 2 deg. de Latitude Sud,*
& de 359 deg. 50 min. de Longitude, j'ay
ſinglé par eſtime 24 lieuës au Nord Nord-
Eſt, plus au Nord quart de Nord-Eſt 19
lieuës, & ſuis arrivé par 25 min. de La-
titude Nord. Ie demande le Rumb de vent
en ligne droite, le chemin corrigé ſur le
tout, & la Longitude corrigée & arrivée.

R. Le Rumb de vent en ligne droite eſt
le Nord Nord-Eſt, prenant 4 deg. 30 min.
vers le Nord, le chemin corrigé ſur le tout
eſt de 51 lieuës, & la Longitude corrigée &
arrivée eſt de 36 minutes à l'Eſt du premier
Meridien.

II. CORRECTION.

D. *Ie pars de 32 deg. 27 min. de La-*
titude Nord, & de 30 min. de Longitude,
j'ay ſinglé par eſtime 65 lieuës au Oüeſt
Sud-Oüeſt, & par ma hauteur je me ſuis
trouvé être arrivé par 31 deg. 21 min. de
Latitude auſſi Nord. Ie demande le Rumb

de vent corrigé, le chemin corrigé, &
la Longitude où je suis arrivé.

R. Cét Exemple est résolu & démontré dan
la Page 81. de ce Livre, Proposition XX.

D. *Ie pars de 43 deg. de Latitude Nord,*
& de 8 deg. de Longitude, j'ay singlé par
estime 45 lieuës au Oüest Nord-Oüest &
suis arrivé par 43 deg. 38 min. de Lati-
tude aussi Nord. Ie demande le chemin
corrigé, le Rumb de vent corrigé & la
Longitude où je suis arrivé.

R. Le chemin corrigé est de 43 lieuës un
quart, le Rumb de vent corrigé est l'Oüest
Nord-Oüest, prenant 5 deg. vers l'Oüest, &
la Longitude arrivée est de 5 deg. 9 min.

D. *Ie pars de la Ligne & du premier*
Meridien, j'ay singlé par estime au Oüest
quart de Sud-Oüest 80 lieuës, & suis arri-
vé à 30 min. de Latitude Sud. Ie deman-
de le chemin corrigé, le Rumb de vent cor-
rigé, & la Longitude où je suis arrivé.

R. Le chemin corrigé est de 79 lieuës, le
Rumb de vent corrigé est l'Oüest quart de
Sud-Oüest, prenant 4 deg. plus Oüest, & la
Longitude arrivé est de 356 deg. 4 min.

D. *Ie pars de la Ligne & du premier*
Meridien, j'ay singlé par estime à l'Est

Nord-Est 56 *lieuës*, & *suis arrivé par un deg. de Latitude Nord. Ie demande le chemin corrigé, le Rumb de vent corrigé, & la Longitude où je suis arrivé.*

R. Le chemin corrigé est de 55 lieuës & demie; le Rumb de vent corrigé est l'Est Nord-Est, prenant 2 deg. plus Est, & la Longitude arrivée est de 2 deg. 35 min.

D. *Ie pars de 35 min. de Latitude Sud, & d'un deg. 10 min de Longitude, j'ay singlé au Oüest Nord Oüest 90 lieuës, & suis arrivé par 45 min. de Latitude Nord. Ie demande le chemin corrigé, le Rumb de vent corrigé, & la Longitude où je suis arrivé.*

R. Le chemin corrigé est de 87 lieuës & demie, le Rumb de vent corrigé est l'Est Nord-Est, prenant 4 deg. 30 min. vers l'Est, & la Longitude arrivée est de 357 deg.

D. *Ie pars d'un deg. de Latitude Nord, & de 357 deg. 15 min. de Longitude; j'ay singlé à l'Est Sud-Est 75 lieuës, & suis arrivé par 10 min. de Latitude Sud. Ie demande le chemin corrigé, le Rumb de vent corrigé, & la Longitude corrigée & arrivée.*

R. Le chemin corrigé est de 74 lieuës, le

Rumb de vent corrigé est l'Est Sud-Est, prenant 2 deg. 30 min. plus Est, & la Longitude arrivée est de 43 min. à l'Est du premier Meridien.

II. CORRECTION PAR PLUSIEURS ROUTES.

D. Ie supose partir de 31 deg. 21 min. de Latitude Nord , & de 356 deg. 59 min. de Longitude, on a fait par estime 20 lieuës au Oüest Sud-Oüest ; plus au Oüest quart Sud-Oüest 15 lieuës ; plus au Oüest 20 lieuës , & par ma hauteur j'ay trouvé être arrivé par 30 deg. 51 min. de Latitude aussi Nord. On demande le chemin corrigé sur le tout , le Rumb de Vent corrigé en ligne droite , & la Longit. arrivée.

R. Cét Exemple est résolu & démontré en la Page 91 de ce Livre, Proposition XXI.

D. Ie pars de 43 deg. de Latitude Nord, & de 8 deg. de Longitude, j'ay singlé par estime sur la route du Oüest Nord Oüest 33 lieuës, plus au Oüest quart de Nord-Oüest 23 lieuës, & suis arrivé par 43 deg. 36 min. de Latitude aussi Nord. Ie demande

mande le chemin corrigé sur le tout, le
Rumb de vent corrigé en ligne droite, &
la Longitude arrivée.

R. Le chemin corigé sur le tout, est de 54
lieuës, le Rumb de vent corigé en ligne droite est le Oüest quart de Nord-Oüest, prenant
1 deg. 18 min. vers le Nord, & la Longitude arrivée est de 4 deg. 21 min.

D. Je pars de la ligne & du premier
Meridien, j'ay singlé par estime 39 lieuës
à l'Est Nord-Est; plus à l'Est quart de
Nord-Est 20 lieuës, & suis arrivé par
54 min. de Latitude Nord. Je demande
le chemin corrigé sur le tout, le rumb de
vent corrigé en ligne droite, & la Longitude arrivée.

R. Le chemin corigé sur le tout est de 58
lieuës un quart, le Rumb de vent corigé en
ligne droite est l'Est Nord-Est, prenant 4 deg.
45 min. vers l'Est, & la Longitude arrivée
est de 2 deg. 46 min.

D. Je pars de la ligne & du premier Meridien, j'ay singlé par estime 18 lieuës au
Oüest Sud-Oüest; plus 29 lieuës au Oüest
quart Sud-Oüest, & suis arrivé par 36
min de Latitude Sud. Je demande le chemin corrigé sur le tout, le rumb de vent
corigé en ligne droite, & la Longi. arivée.

L i

R. Le chemin corrigé fur le tout, eſt de 46
lieuës 2 tiers ; le rumb de vent corigé en ligne
droite, eſt le Oüeſt quart de Sud-Oüeſt, prenant 3 deg. 45 min. plus Sud, & la Longitude arrivée eſt de 357 deg. 43 min.

D. Je pars de **27** minutes de Latitude
Nord & de 45 min. de Longitude , j'ay
ſinglé par eſtime 39 lieuës au Oüeſt Sud-
Oüeſt ; plus 21 lieuës au Oüeſt quart Sud-
Oüeſt , & ſuis arrivé par 15 min. de Latitude Sud. Je demande le chemin corrigé
ſur le tout , le rumb de vent corrigé en ligne droite , & la Longitude arrivée.

R. Le chemin corrigé ſur le tout eſt de 88
lieuës trois quarts , le romb de vent corrigé
en ligne droite , eſt le Oüeſt quart de Sud-
Oüeſt, prenant 2 deg. 45 min. plus Sud , &
la Longitude arrivée eſt de 357 deg. 54 min.

D. Je pars de **20** min. de Latitude Sud,
& de 319 deg. de Longitude , j'ay ſinglé
par eſtime 70 lieuës à l'Eſt Nord-Eſt ;
plus 15 lieuës à l'Eſt quart de Nord-Eſt,
& ſuis arrivé par un degré 10 min. de
Latitude Nord. Ie demande le chemin corigé ſur le tout , le rumb de vent corrigé
en ligne droite , & la Longitude arivée.

R. Le chemin corrigé ſur le tout eſt de 84
lieuës trois quarts , le rumb de vent corrigé

en ligne droite eſt l'Eſt Nord-Eſt , prenant un
degré 50 min. plus Eſt , & la Longitude arivée eſt de 2 deg. 59 min.

III. CORRECTION.

D. Je pars de 30 deg. 51 min. de Latitude
Nord , & de 353 deg. 53 min. de Longitude , j'ay ſinglé par eſtime 67 lieuës
ſur la route du Sud Oüeſt quart d Oüeſt ;
Mais prenant hauteur je me ſuis trouvé
être arrivé par 28 deg 39 min. de Latitude auſſi Nord. Ie demande le chemin
corrigé , le rumb de vent auſſi corrigé , &
la Longitude corrigée & arrivée.

R. Cet Exemple eſt réſolu & démontré en
la Page 95 de ce Livre , Propoſition XXII.

D. Je pars de 39 deg. de Latitude Nord ,
& de 8 deg. 35 min. de Longitude ; j'ay
ſinglé par eſtime 48 lieuës au Nord-Oüeſt ,
& ſuis arrive par 40 deg. 30 min. de
Latitude auſſi Nord. Ie demande le chemin corrigé , le rumb de vent corrigé , &
la Longitude corrigée & arrivée.

R. Le chemin corrigé eſt de 43 lieuës , trois
quarts , le rumb de vent corrigé eſt le Nord-Eſt ,
prenant 2 deg. plus Eſt , & la Longitude corigée & arrivée eſt de 6 deg. 26 min.

D. *Ie pars de la ligne & du premier Meridien, j'ay singlé par estime 80 lieuës au Sud-Oüest quart de Sud, & suis arivé par 3 deg. 45 min. de Latitude Sud. Ie demande le chemin corrigé, le rumb de vent corrigé, & la Longitude corrigée & arrivée.*

R. Le chemin corrigé est 88 lieuës & demie, le Rumb de vent corrigé est le Sud-Oüest quart de Sud, prenant un deg. 45 min. plus Sud, & la Longitude corrigée & arrivée, est de 357 deg. 38 min.

D. *Ie pars de la Ligne, & du premier Meridien, j'ay singlé par estime 80 lieuës sur la route du Nord Est quart de Nord, & suis arrivé à 3 deg. 45 min. de Latitude Nord. Ie demande le chemin corrigé, le Rumb de vent corrigé, & la Longitude corrigée & arrivée.*

R. Le chemin corrigé est 88 lieuës, le Rumb de vent corrigé est le Nord-Est quart de Nord, prenant un deg. 45 min. plus Nord, & la Longitude corrigée & arrivée est de 2 deg. 22 min.

D. *On part de deux degrez de Latitude Nord, & de 2 degrez 10 minutes de Longitude, on a singlé par estime 7 lieues*

au Sud-Oüeſt quart d'Oüeſt, & on
eſt arrivé par 30 min. de Latitude Sud.
On demande le chemin corrigé, le Rumb
de vent corrigé, & la Longitude corrigée & arrivée.

R. Le chemin corrigé eſt de 84 lieuës 3
quarts, le Rumb de vent corrigé eſt le Sud-
Oüeſt quar d'Oüeſt, prenant 2 deg. 30 min.
plus Sud, & la Longitude corrigée & arrivée
eſt de 358 deg. 44 min.

D. Ie pars d'un deg. 10 min. de Latitude Sud, & de 359 deg. de Longit. j'ay ſinglé par eſtime 90 lieuës ſur la route du Nord-
Eſt quart de Nord, & ſuis arrive par un
deg 50 min. de Latitude Nord. Ie demande
le chemin corrigé, le Rumb de vent corrigé,
& la Longitude corrigée & arrivée.

R. Le chemin corrigé eſt de 75 lieuës, le
Rumb de vent corrigé eſt le Nord-Eſt quart de
Nord, prenant 3 deg. 15 min. vers l'Eſt, & la
Longit. corrigée & arrivée eſt d'un deg. 15 min.

III. CORRECTION PAR PLUSIEURS
ROUTES.

D. On part de 28 deg. 39 min. de Latitude Nord, & de 350 deg. 23 minutes
de Longitude, on a fait par eſtime 15 lieuës

au Sud Oüeſt, plus au Sud-Oüeſt quart de
Sud 10 lieuës, plus 34 lieuës au Sud-Oueſt
quart d'Oueſt ; mais prenant hauteur, on
s'eſt trouvé par la Latitude de 27 deg. 9
min. auſſi Nord. On demande le chemin
corrigé ſur le tout, le Rumb de vent corri-
gé en ligne droite, & la Longitude corri-
gée & arrivée.

R. Cet Exemple eſt réſolu & démontré dans
la Page 100. de ce Livre, Propoſition XXIII.

D. *Ie pars de 37 deg. de Latitude Nord,*
& de 9 deg. de 10 min. de Longitude, j'ay
ſinglé par eſtime 22 lieuës au Nord-Oueſt
quart d'Oueſt, plus au Nord-Oueſt 18
lieuës, plus au Nord-Oueſt quart de Nord
20 lieuës, & ſuis arrivé par 39 deg. 30
min. auſſi Nord. Ie demande le chemin
corrigé ſur le tout, le Rumb de vent cor-
rigé en ligne droite, & la Longitude cor-
rigée & arrivée.

R. Le chemin corrigé ſur le tout eſt de
68 lieuës, le Rumb de vent corrigé en ligne
droite eſt le Nord Eſt, prenant 2 deg. vers le
Nord, & la Longitude corrigée & arrivée eſt
de 6 deg. 11 min.

D. *Ie pars de 39 deg. 30 min. de La-*
titude Nord, & de 347 deg. 40 min. de

Longitude, j'ay fait par estime 40 lieües
au Sud-Est quart de Sud, plus au Sud-Est
20 lieües, plus au Sud-Est quart d'Est 10
lieües, & suis arrivé par 37 deg. 30 min.
de Latitude aussi Nord. Ie demande le chemin corrigé sur le tout, le Rumb de vent
corrigé en ligne droite, & la Longitude
corrigée & arrivée.

R. Le chemin corrigé sur le tout est de 56
lieües, le Rumb de vent corrigé en ligne droite
est le Sud-Est, prenant 45 minutes plus Sud,
& la Longitude corrigée & arrivée est de 350
degrés 10 minutes.

D. Ie pars de 40 deg. de Latitude Nord,
& de 347 deg. 40 min. de Longitude, j'ay
fait par estime 30 lieües au Nord-Est quart
de Nord, plus au Nord-Est 15 lieües, plus
au Nord-Est quart d'Est 19 lieües, & suis
arrivé par 41 deg. 54 min. de Latitude
aussi Nord. Ie demande le chemin corrigé
sur le tout, le Rumb de vent corrigé en ligne
droite, & la Longit. corrigée & arrivée.

R. Le chemin corrigé sur le tout est de 54
lieües 2 tiers, le Rumb de vent corrigé en
ligne droite est le Nord-Est, prenant un deg.
15 min. plus Est, & la Longitude corrigée &
arrivée est de 350 deg. 16 min.

D. Ie pars de la ligne & du premier
Meridien, j'ay singlé au Sud Ouest par
estime 28 lieues, plus au Sud-Ouest quart
de Sud 23 lieues, plus au Sud Ouest quart
d'Ouest 16 lieues, & suis arrivé à 2 deg.
6 min. de Latitude Sud. Ie demande le chemin corrigé sur le tout, le Rumb de vent
corrigé en ligne droite ; & la Longitude
corrigée & arrivée.

R Le chemin corrigé sur le tout est de 60
lieuës, le rumb de vent corrigé en ligne droite
est le Sud-Ouest 30 min. plus Ouest, la Longitude corigée & arivée est de 357 deg. 52 min.

* Ie pars de la ligne & du premier Méridien, j'ay singlé au Nord Est par estime 28 lieuës ; plus au Nord-Est quart de
Nord 23 lieuës ; plus au Nord-Est quart
d'Est 16 lieues, & suis arrivé à 2 deg.
6 min. de Latitude Nord. Ie demande le
chemin corrige sur le tout, le rumb de vent
corrigé en ligne droite, & la Longitude
corrigée & arrivée.

R. Le chemin corrigé sur le tout est de 60
lieuës, le rumb de vent corrigé en ligne droite est le Nord-Est, prenant 30 min. plus Est,
& la Longitude corrigée & arrivée est de 2
deg. 6 min.

D. Ie

D. *Ie pars d'un degré de Latitude Nord,
& d'un deg. de Longitude ; j'ay singlé par
estime 25 lieuës au Sud-Ouest ; plus au
Sud-Ouest quart de Sud 22 lieuës ; plus
au Sud-Ouest quart d'Ouest 32 lieuës, &
suis arrivé par un deg. 3 min. de Latitude Sud. Ie demande le chemin corrigé sur
le tout, le rumb de vent corrigé en ligne
droite, & la Longitude corigée & arivée.*

R. Le chemin corrigé sur le tout est de 64
lieuës un tiers, le rumb de vent corrigé en
ligne droite est le Sud-Ouest, prenant 5 deg.
30 min. vers l'Oüest, & la Longitude corrigée & arrivée est de 358 deg. 31 min.

D. *Ie pars d'un deg. de Latitude Sud,
& de 358 deg. 32 min. de Longitude ;
j'ay singlé par estime 25 lieuës au Nord-
Est ; plus au Nord-Est quart de Nord 25
lieuës ; plus au Nord-Est quart d'Est 32
lieuës ; & suis arrivé par un deg. de Latitude Nord. Ié demande le chemin corigé sur le tout, le rumb de vent corrigé en
ligne droite, & la Longitude corrigée
& arrivée.*

R. Le chemin corrigé sur le tout est de 63
lieuës & demie, le rumb de vent corrigé en
ligne droite est le Nord-Est quart d'Est, pre-

M m

nant 5 deg. plus Nord, & la Longitude cos rigée & arrivée, eft d'un degré à l'Eft du premier Meridien.

RENFERMER LES CORRECTIONS,
dont le raifonnement eft dans la Page 114 & fuivantes de ce Livre.

D. *Je pars de 37 deg. de Latitude Nord & de 354 deg. de Longitude; j'ay finglé par eftime 100 lieuës au Sud Sud Oüeft; plus au Sud-Eft quart d'Eft 10 lieuës; plus à l'Eft quart de Sud-Eft 8 lieuës, & fuis arrivé par 33 deg. de Latitude auffi Nord. Ie demande comme en la premiere correction, c'eft-à-dire le rumb de vent en ligne droite, le chemin corrigé fur le tout, & la Longitude corigée & arrivée.*

R. Le rumb de vent en ligne droite eft le Sud Sud-Oüeft, prenant 3 deg. 30 min. plus Sud, le chemin corrigé fur le tout eft de 84 lieuës & demie, & la Longitude corrigée & arrivée eft de 355 deg. 40 min.

D. *Je pars de 43 deg. de Latitude Nord, & de 8 deg. 30 min. de Longitude, j'ay finglé par eftime au Oüeft Nord-Oüeft 50 lieuës; plus au Nord-Oüeft 10 lieuës; plus*

au Sud Sud-Eſt 12 lieuës, & ſuis arivé
par 43 deg. 30 minutes de Latitude auſſi
Nord. Je demande comme en la deuxieme
correction, c'eſt-à-dire le rumb de vent
corrigé en ligne droite, le chemin corigé
ſur le tout, & la Longitude arrivée.

R. Le Rumb de vent corrigé en ligne droite eſt le Oüeſt quart de Nord-Oüeſt, prenant 25
min. plus Nord ; le chemin corrigé ſur le tout eſt
de 49 lieuës deux tiers, & la Longitude où
je ſuis arrivé eſt de 5 deg. 10 min.

D. On ſuppoſe partir de 37 deg. de Latitude Nord, & de 354 deg. de Longitude,
on a ſinglé par eſtime ſur la route de l'Eſt
Nord-Eſt 10 lieuës, plus au Nord-Eſt 36
lieuës, plus au Nord Nord-Eſt 10 lieuës,
& on eſt arrivé par 38 deg. 45 min. de
Latitude Nord. On demande comme en la
troiſiéme Correction, c'eſt-à dire le Rumb
de vent corrigé en ligne droite, le chemin
corrigé ſur le tout, & la Longitude corrigée & arrivée.

R. Le Rumb de vent corrigé en ligne droite
eſt le Nord-Eſt, prenant 15 min. plus Nord,
le chemin corrigé ſur le tout eſt de 50 lieuës
& demie, & la Longitude corrigée & arrivée
eſt de 356 deg. 19 min.

RE'GLES DE VARIATION.

D. *Ie pars de* 24 *deg.* 49 *min. Nord,* & *de* 347 *deg.* 12 *min. de Longitude, j'ay fait* 30 *lieuës fur la route du Oüeft Sud-Oüeft, me fervant d'un Compas qui varie du Nord vers l'Oüeft de* 11 *deg.* 45 *min. Ie demande ce que la route ma valu,* & *par quelle Latitude* & *Longitude je fuis arrivé.*

R. Cet Exemple eft réfolu & démontré dans la Page 116 de ce Livre, Propofition XXVI.

D. *Ie pars de* 37 *deg. de Latitude Nord* & *de* 35 ½ *deg. de Longitude, j'ay finglé* 40 *lieuës fur la route du Nord-Eft quart d'Eft, étant obligé de me fervir d'un Compas qui varie de* 7 *deg. du côté du Nord-Oüeft. Ie demande ce que la route a valu,* & *par quelle Latitude* & *Longitude je fuis arrivé.*

R. La route a valu le Nord-Eft, prenant 4 deg. 15 min. du côté de l'Eft, la Latitude arrivée eft de 38 deg. 19 min. & la Longitude arrivée eft de 355 deg. 55 min.

D. *Ie pars de* 39 *deg. de Latitude Nord,* & *de* 8 *deg.* 35 *min. de Longitude, j'ay finglé fur la route du Nord quart de Nord-*

Est 80 lieuës ; me servant d'un Compas
dont la variation Est Nord-Oüest de 25
deg. Ie demande ce que la route a valu,
& par quelle Latitude & Longitude je
suis arrivé.

R. La route a valu le Nord quart de Nord-
Oüest 2 deg. 30 min. plus Oüest, la Latitude arrivée est de 42 deg. 53 min. & la Longitude arrivée est de 7 deg. 20 min.

D. Ie pars de la ligne & du premier
Meridien, j'ay singlé au Sud-Est 60 lieuës,
me servant d'un Compas qui varie du côté du Nord-Est de 18 deg. Ie demande ce
que la route a valu, & par quelle Latitude & Longitude je suis arrivé.

R. La route à valu le Sud Sud-Est, prenant 4 deg. 30 min. du côté de l'Est, la Latitude arrivée est de 2 deg. 40 min. du côté
du Sud, & la Longitude arrivée est d'un degré 22 minutes.

D. Ie pars de 5 min. de Latitude Sud, &
de 358 deg. 28 min. de Longitude ; j'ay
singlé 50 lieuës sur la route du Nord-Est
quart d'Est, me servant d'un Compas qui
varie du côté du Nord-Est de 14 deg. 30 min.
Ie demande ce que la route a valu, & par
quelle Lati. & Longitu. je suis arrivé.

R. La route a valu l'Est Nord-Est, prenant 2 deg. 15 min. plus Est, la Latitude arrivée est de 47 min. du côté du Nord, & la Longitude arrivée est de 49 minutes à l'Est du premier Meridien.

POINTER PLUSIEURS ROUTES
Selon les degrés de la Variation.

D. *Ie pars de 23 deg. 58 min. de Latitude Nord, & de 345 deg. 51 min. j'ay singlé sur la route du Oüest quart de Sud-Oüest 5 lieuës; plus au Oüest Nord-Oüest 14 lieuës; plus au Oüest 15 lieuës; plus au Sud 10 lieuës, me servant d'un Compas qui varie du côté du Nord-Oüest de 11 deg. 45 min. Ie demande ce que chaque route a valu en particulier, par quelle Latitude & Longitude je suis arrivé, & la route en ligne droite, & le chemin sur le tout.*

R. Cét Exemple est résolu & démontré dans la Page 123 de ce Livre, Proposition XXVII.

D. *Ie pars de 37 deg. de Latitude Nord, & de 354 deg. de Longitude; j'ay singlé 22 lieuës au Sud Sud-Oüest, plus au Sud quart de Sud-Est 12 lieuës, plus au Nord-Oüest 15 lieuës, me servant d'un Compas*

dont la variation eſt Nord - Oüeſt de 9
deg. 30 min. Ie demande ce que chaque
route a valu en particulier, la Latitude
& Longitude où je ſuis arrivé, la route en
ligne droite & le chemin par le plus court.

R. la route du Sud Sud-Oüeſt a valu le Sud-
Oüeſt quart de Sud 1 deg. 45 min. plus Oüeſt;
la route du Sud-Eſt quart d'Eſt a valu l'Eſt
Sud-Eſt 1 deg. 45 min. plus Sud; la route
du Nord-Oüeſt a valu le Nord-Oüeſt quart
d'Oüeſt 1 deg. 45 min. plus Nord; la Latitude arrivée eſt de 36 deg. 7 min. la Longitude
arrivée eſt de 353 deg. 27 min. le Rumb de
vent en ligne droite eſt le Sud Sud-Oüeſt 3
deg. plus Sud, & le chemin ſur le tout eſt
de 18 lieuës un tiers.

D. Ie pars de la ligne & du premier
Meridien; j'ay ſinglé au Oüeſt quart Sud-
Oüeſt 22 lieuës, plus au Nord-Oüeſt 14
lieuës, plus au Sud quart de Sud-Eſt 17
lieuës, me ſervant d'un Compas dont la
variation eſt de 19 degrez. Ie demande ce
que chaque route a valu en particulier,
par quelle Latitude & Longitude je ſuis
arrivé, la route en ligne droite, & le
chemin ſur le tout.

R. La route du Oüeſt quart de Sud-Oüeſt
a valu celle du Oüeſt quart de Nord-Oüeſt 3

deg. 30 min. plus Oüeſt ; celle du Nord-Oüeſt
a valu le Nord Nord-Oüeſt 3 deg. 30 min.
plus Oüeſt ; celle du Sud quart de Sud Eſt a
valu le Sud quart de Sud-Oüeſt 3 deg. 30 min.
plus Sud ; la Latitude arrivée eſt de 8 deg.
dn côté du Nord , la Longitude arrivée eſt de
358 deg. 31 min. le Rumb de vent en ligne
droite eſt l'Oüeſt, prenant 2 deg. plus Sud,
& le chemin ſur le tout eſt de 30 lieuës.

*D. Ie pars de 2 deg. de Latitude Sud ,
& de 358 deg. 50 min. de Longitude ;
j'ay ſinglé 22 lieuës ſur la route du Nord
quart de Nord-Eſt , plus à l'Eſt quart de
Sud-Eſt 18 lieues , plus au Nord-Eſt quart
d'Eſt 28 lieuës , me ſervant d'un Compas
qui varie du côté du Nord-Oüeſt de 20
deg. Ie demande ce que chaque route a valu
en particulier , par quelle Latitude &
Longitude je ſuis arrivé , la route en ligne
droite , & le chemin par le plus court.*

R. La route du Nord quart de Nord-Eſt a
valu le Nord quart de Nord-Oüeſt 2 deg. 30
min. plus Nord ; celle de l'Eſt quart de Sud-
Eſt , a valu l'Eſt quart de Nord Eſt 2 deg. 30
min. celle du Nord-Eſt quart d'Eſt a valu le
Nord-Eſt quart de Nord 2 deg. 30 min. plus
Eſt ; la Latitude arrivée eſt de 2 deg. 6 min. du
côté du Nord , la Longitude arrivée eſt de 21
min.

min. à l'Eſt du premier Meridien, le rumb de vent en ligne droite eſt Nord-Eſt quart de Nord, prenant 2 deg. plus Eſt, & le chemin ſur le tout eſt de 52 lieuës & demie.

D. Ie pars d'un lieu qui eſt par 23 deg. 25 min. de Latitude Nord, & par 344 deg. 10 min. de Longitude; j'ay couru ſur la route du Oüeſt Sud-Oüeſt juſqu'à la Latitude de 22 deg. 3 min. auſſi Nord, me ſervant d'un Compas qui varie du Nord vers l'Oüeſt de 9 deg. Ie demande ce que la route a valu, par quelle Longitude je ſuis arrivé, & le chemin que j'ay fait.

R. Cét Exemple eſt réſolu & démontré dans la Page 139. de ce Livre, Propoſition XXVIII.

D. Ie pars de 43 deg. de Latitude Nord & de 8 deg. 30 min. de Longitude; j'ay ſinglé ſur la route du Nord-Oüeſt quart de Nord, juſqu'à la Latitude de 45 deg. 30 min. auſſi Nord, me ſervant d'un Compas qui varie du côté du Nord-Oüeſt de 10 deg. Ie demande ce que la route a valu, par quelle Longitude je ſuis arrivé, & le chemin que j'ay fait.

R. La route a valu le Nord-Oüeſt, prenant un deg. 15 minu. plus Nord, la Longitude arrivée eſt de cinq degrez ſix minutes, & le

N ij

chemin eſt de ſoixante & dix lieuës & demie.

D. Ie pars de la ligne & du premier Meridien ; j'ay ſinglé au Sud quart de Sud-Eſt , juſqu'à la Latitude de 2 deg. Sud, me ſervant d'un Compas qui varie du côté du Nord-Eſt de 25 deg. Ie demande ce que la route a valu, par quelle Longitude on eſt arrivé, & le chemin qu'on a fait.

R. La route a valu le Sud quart de Sud-Oüeſt 2 deg. 30 min. plus Oüeſt, la Longitude arrivée eſt de 359 deg. 30 min. & le chemin eſt de 41 lieuës un quart.

D. Ie pars de 2 deg. de Latitude Sud, & de 259 deg. 10 min. de Longitude, j'ay ſinglé ſur la route du Nord Nord-Eſt, juſqu'à la Latitude d'un degré du côté du Nord , me ſervant d'un Compas qui varie du côté du Nord-Eſt de 22 deg. 30 min. Ie demande ce que la route a valu, par quelle Longitude on eſt arrivé, & le chemin qu'on a fait.

R. La route a valu le Nord-Eſt , la Longitude arrivée eſt de 2 deg. 10 min. & le chemin eſt de 85 lieuës.

Notés que dans toutes les Regles du Cercle

ou Quartier de Proportion, qu'il faut sçavoir
ce que la route a valu avant que de la pointer.

FAIRE VALOIR UNE ROUTE
selon les degrez de la variation du Compas.

D. *Ie pars de 48 deg. 30 min. de La-*
titude Nord, & de 12 deg. 30 min. de
Longitude : Ie veux aller à 51 degré 18
min. de Latitude auſſi Nord, & de 7 deg.
50 min. de Longitude, me ſervant d'un
Compas qui varie du côté du Nord-Oüeſt
de 9 deg. Ie demande la route & le che-
min qu'on doit faire, & où il faut mettre
le Cap pour faire valoir la route.

R. La route eſt le Nord - Oüeſt, prenant
2 deg. plus Oüeſt, mais à cauſe de la variation & pour faire valoir la route, il faut mettre
le Cap au Nord-Oüeſt quart de Nord, prenant 4 deg 15 min. plus Oüeſt, & le chemin
eſt de 82 lieuës & demie.

D. *Ie pars d'un lieu qui eſt par 32 deg.*
25 min. de Latitude Nord, & de 312 deg.
30 min. de Longitude : Ie veux aller à
un autre lieu qui eſt par 46 deg. 40 min.
de Latitude auſſi Nord, & par 330 deg.
30 min. de Longitude, me ſervant d'un
Compas qui varie du côté du Nord-Oüeſt

de 17 deg. Ie demande la route & le che-
min qu'il faut faire, & où il faut met-
tre le Cap pour faire valoir la route.

R. La route est le Nord-Est, prenant 45
min. plus Nord, mais à cause de la variation,
& pour faire valoir cette route, il faut mettre
le Cap au Nord-Est quart d'Est 5 deg. plus
Est, sur laquelle il faut faire 398 lieuës.

D. *E'tant sous la Latitude d'une terre*
ou Isle où je veux aller. Ie demande où
il faut mettre le Cap pour faire valoir la
route du Ouest, étant obligé de me ser-
vir d'un Compas dont la variation est de
11 deg. 15 min. du côté du Nord-Oüest.

R. Il faut mettre le Cap au Oüest quart
de Nord-Oüest

D. *E'tant sous la Latitude d'une terre*
où je veux aller. Ie demande où il faut
mettre le Cap pour faire valoir la route
de l'Est, me servant d'un Compas dont la
variation est du côté du Nord-Est de 15 deg.

R. Il faut mettre le Cap à l'Est quart de
Nord-Est, 3 deg. 45 min. plus Nord.

RE'GLES A L'EXEMPLE DESQUELLES
On en peut former d'autres, pour juger
si on a l'intelligence parfaite du Cercle ou
Quartier de Proportion.

D. *Deux Navires partent de* 14 *deg.*
40 *min. de Latitude Nord*, & *de* 355
deg. de Longitude : le premier single au
Sud Sud-Est 60 *lieuës, le second au Sud-*
Oüest jusqu'à la Latitude de 11 *deg.* 55 *min.*
aussi Nord. On demande la Latitude &
Longitude arrivée du premier, la Longi-
tude arrivée du second & *le chemin ;*
combien ces deux Navires sont éloignées
l'un de l'autre, & *la route* & *le chemin*
qu'ils doivent faire pour arriver à la ligne
& *au premier Meridien.*

R. Les deux Navires font diftans l'un de
l'autre de 74 lieuës, le premier Navire eft arrivé par 11 deg. 55 min. de Latitude Nord,
& par 356 deg. 36 min. de Longitude ; le
fecond a fait 78 lieuës & demie en route, &
eft arrivé par 352 deg. 35 min. de Longitude ; la route du premier pour aler à la Ligne
& au premier Meridien, eft le Sud quart de
Sud-Eft 4 deg. 40 min. plus Eft, & fon chemin eft de 248 lieuës ; la route du fecond Navire eft le Sud-Eft quart de Sud un deg. 50
min. plus Sud, & fon chemin eft de 282 lieuës.

D. *Deux Navires partent de* 43 *deg. de*
Latitude Nord, & *de* 8 *deg. de Longi-*
tude ; le premier single au Nord-Eft quart

de Nord 50 *lieuës , le second single entre le Nord* & *l'Oüest* 60 *lieuës ,* & *arrive tous deux par* 45 *deg.* 6 *min. de Latitude auffi Nord. On demande combien ils font éloignées l'un de l'autre , leurs Longitudes arrivées , la route du fecond Navire,* & *la route* & *le chemin qu'ils doivent faire pour arriver à* 48 *deg. de Latitude Nord,* & *à* 356 *deg.* 15 *min. de Longitude.*

R. Les deux Navires font diftans l'un de l'autre de 71 lieuës ; la route du fecond Navire eft le Nord-Oüeft un deg. 30 min. plus Oüeft ; la Longitude arrivée du premier eft de 10 deg. celle du fecond eft de 4 deg. 56 min. la diftance du premier eft de 196 lieuës par la route du Oüeft quart de Nord-Oüeft 5 deg. 15 min. plus Nord ; la diftance ou le chemin du fecond Navire eft de 134 lieuës fur la route du Oüeft Nord-Oüeft 3 deg. 45 minutes plus Nord.

D. *Deux Navires partent de la Barbade qui eft par* 17 *deg.* 52 *min. de Latitude Nord ,* & *par* 317 *deg.* 22 *min de Longitude , le premier single au Nord Nord-Oüeft ,* & *le fecond au Nord-Eft , enforte qu'ils arrivent tous deux en la même Latitude , éloignées l'un de l'autre de* 82

*lieuës. On demande par quelle Latitude
& Longitude ils font arrivés tous deux ;
le chemin qu'ils ont fait chacun en particulier, & la route & le chemin qu'ils
doivent faire du lieu où ils font arrivés
pour aller à la vermude, qui est par 32
deg. 30 min. de Latitude Nord, & par
312 deg. 30 min. de Longitude.*

R. Les deux Navires font arrivés à 20 deg.
46 min. de Latitude Nord, le premier est arrivé par 316 deg. 6 min. de Longitude, &
a fait en route 63 lieuës & demie ; le fecond
est arrivé par 320 deg. 27 min. de Longitude, & fon chemin est de 82 lieuës ; le Rumb
de vent du premier Navire est le Nord quart
de Nord-Oüest 5 deg. plus Oüest, & le chemin est de 242 lieuës ; la route du fecond
Navire est le Nord-Oüest quart de Nord 3
deg plus Nord, & le chemin est de 273 lieuës.

D. *Deux Navires partent du Cap de
Ras en l'Ifle de Terre-neuve, qui est par
46 deg. 40 min. de Latitude Nord, &
par 330 deg. 30 min. de Longitude ; le
premier fingle au Nord-Est quart d'Est,
le fecond au Sud-Est quart de Sud, enforte qu'ils arrivent tous deux Nord & Sud
l'un de l'autre, diftans de 115 lieuës. On*

demande la Latitude & Longitude où ils
font arrivés tous deux , le chemin qu'ils
ont fait chacun en particulier , & la route
& le chemin qu'ils feront pour arriver à
48 degrez de Latitude Nord, & à 351
degré de Longitude.

R. La Latitude arrivée du premier eft de
48 deg. 25 min. la Longitude 334 deg. 26
min. & fon chemin eft de 64 lieuës ; la Latitude arrivée du fecond Navire eft de 42 deg.
40 min. & fa Longitude 334 deg. 16 min.
& fon chemin eft de 96 lieuës & demie ; la
route du premier Navire pour aler à 48 deg.
de Latitude Nord , & à 351 deg. de Longitude eft l'eft 2 deg. 30 min. plus Nord ; la
route du fecond Navire eft le Sud-Eft quart
d'Eft 4 deg. 45 min. vers l'Eft , & le chemin
eft de 256 lieuës.

D. On fuppofe partir d'un lieu qui eft
par 43 deg. de Latitude Nord , & de 8
deg. de Longitude ; on veut aller à un autre lieu qui eft par 37 deg. de Latitude
auffi Nord , & où il eft une heure dix
minutes plûtôt qu'au lieu d'où l'on part ;
On demande la route & le chemin qu'il
faut faire pour y arriver , & la Longitude du lieu de l'arrivée.

R L1

R. La route est l'Oüest Sud-Oüest, prenant 2 deg. plus Sud ; le chemin est de 296 lieuës, & la Longitude arrivée est de 350 degrés 30 minutes.

D. On supose partir de 46 deg. 40 min. de Lat. Nord, & de 30 deg. 30 min. de Longitude; on veut aler par 40 deg. de Latit aussi Nord, & où il est 2 heu. 4 min. plus tard qu'au lieu d'où l'on part ; On demande la route & le chemin qu'il faut faire & la Longitude arrivée ?

R. Le Rumb de vent est le Sud-Est quart d'Est, prenant 2 deg. 40 minutes vers l'Est ; le chemin est de 262 lieuës, & la Longitude où l'on est arrivé est d'un deg. 30 min. à l'Est du premier Meridien.

D. On supose partir de 50 deg. Latitude Nord, & de 6 deg. de Longitude, on a singlé au Nord Nord Est 40 lieuës, plus entre le Nord & l'Oüest 60 lieuës, & on arrive à 53 deg. de Latit. aussi Nord ; On demande la Longit. arrivée la route & le chemin qu'il faut faire pour retourner d'où l'on est parti.

R. La Longitude arrivée, est de 2 deg. 49 min. la route pour retourner d'où l'on est party, est le Sud-Est quart de Sud, & le chemin est de 73 lieuës.

D. On demande en quelle Latitude 3 degrés 24 min. de Longitude valent 40 lieuës.

R. Ce sera par 53 degrés 30 minutes.

D. On demande, combien on a fait de lieuës

O

sur la route du Nord-Est quart de Nord, lors que les lieuës en Latit. & en Longit. font 80 lieuës ?

R. On a fait en route 58 lieuës.

D. *On demande, par quelle Latit. 200 lieuës d'Est ou Ouest valent 21 deg. 30 minutes ?*

R. C'est par 60 deg. 48 min. de Latitude.

D. *On supose partir de 43 deg. de Latit. Nord, & de 8 deg. 30 min. de Longit. on a singlé au Nord-Est, ensorte que la differ ence en Latit. en Longit. & les lieuës du chemin, font ensemble 140 lieuës 2 tiers; On demande par quelle Latitude & Longitude on est arrivé, & le chemin qu'on a fait en route ?*

R. On est arrivé par 45 degrés 3 min. de Latitude Nord, par 11 deg. 22 min. de Longitude, & le chemin qu'on a fait en route, est de 58 lieuës & demie.

D. *Deux Navires partent de 44 deg. de Latit. Nord, & de 10 deg. 22 min. de Longit. le premier single au Nord Nord Est, 76 lieuës; Et le second, au Nord quard de Nord - Ouest, & arrivent tous deux en la même Latit. On demande, combien ils sont éloignes l'un de l'autre, le chemin du second Navire, & par quelle Latit. & Longitude ils sont arrivés tous deux ?*

R. Les deux Navires sont éloignés l'un de l'autre de 42 lieuës, le chemin du second Navire est de 72 lieuës, la Latitude arrivée du premier, est de 47 deg. 31 min. aussi bien que du second; la Longitude arrivée du pre-

mier est de 12 deg. 22 min. & celle du second,
est de 9 degrés 22 minutes.

D. *Deux Navirent partent, le premier de 50
deg. de Latit. Nord, le second, de 50 deg. aussi
Nord, tous deux de la même Longit de 2 deg.
le premier single au Sud-Oüest 100 lieües, & le
second au Oüest, 70 lieües; On demande par
quelle Lat. & Long. ils sont arrivés tous deux, & la
route & le chemin qu'il faut qu'il fissent du lieu
de leur arrivée, pour arriver à 43 deg. 15 min. de
Latit. Nord, & à 8 deg. 10 min. de Longitude;*

R. Le premier Navire est arrivé par 46 deg.
30 min. de Latitude Nord, & par 356 deg.
46 min. de Longitude; le second, est arrivé
par 356 deg. 24 min. de Longit. & à la même Latitude de 52 degrés ; la route du premier pour arriver à 43 deg. 15 min. de Latitude Nord, & à 8 deg. 10 min. de Longitude est l'Est Sud-Est, prenant 30 min. vers
l'Est, & le chemin est de 175 lieües; la route
du second Navire, est le Sud-Est, prenant 3
deg. plus Sud, & le chemin est de 238 lieües.

*On ne finiroit jamais si on vouloit donner tou-
tes les Régles qui se peuvent resoudre par le Cercle ou Quartier de Proportion, mais les Principes que Nous avons établis & démontré dans le
corps de ce Livre, suffisent pour lever toutes les
difficultés qui pourroient se rencontrer dans la ré-
folution de quelque Proposition que ce soit, car
où elles font possibles, & nous en avons expliqué*

la maniere de les refoudre, où elles font im-
poffibles, & nous en avons donné les Régles qui
en decouvriront la fauffeté.

FIN.

*Fautes furvenuës en cette Impreffion, à caufe
de l'eloignement de l'Auteur.*

Page 9. ligne 11. *lifés*. Puifqu'on abaiffe en Latitude on va vers le Sud, & puifqu'on a abaiffé
en Longitude, on va vers l'Oüeft. Page 22 ligne 18,
lifés, lefquelles. Page 39. ligne 10. *lifés* G C. Page 44.
ligne 30. *lifés* 1 deg. 51 min. Page 69.ligne 23. *lifés* &
que par la route du Sud. Page 99. ligne 18 *lifés* G M.
Page 105. ligne 3. ôtés AI & AB. Page 113. ligne 18.
lifés H O. Page 130. ligne 3. *lifés* 12 lieuës & demie. Page 135. ligne 6. *lifés* 73. ligne 23. ôtés de
fuite. Page 148. ligne 13. *lifés* H, la Latitude arrivée
vers le Nord. Ligne 15. *lifés* H L. Page 62 ligne 14.
lifés 58 lieuës. Page 263. ligne 24. *lifés* Nord-Oüeft.
ligne 25. *lifés* Oüeft. Page 264. ligne 27. *lifés* 75.
Page 270. ligne 19. *lifés* le Sud quart Sud Oüeft un
deg. 45 minutes plus Oüeft. Ligne 20. *lifés* 83 lieuës.
Ligne 22 *lifés* 352 deg. 54 min. Page 175 ligne 14.
lifés 38 minutes. Ligne 23. *lifés* du côté du Nord-Eft.
Page 276. ligne 5. au lieu de 8 deg. *lifés* feulement
4 min. du côté du Sud. Ligne 25. *lifés* plus Eft. Ligne
27. au lieu de 2 deg. 6 min. *lifés* 23 min. Ligne 28.
lifés 23 min. Page 277. ligne 3 au lieu de 2 deg *lifés*
30 min. plus Nord. Ligne 4 *lifés* 56 lieuës. Page 179.
ligne 15. *lifés* 3 deg. plus Nord. Ligne 18. *lifés* 1 deg,
30 min. plus Nord. Ligne 19 *lifés* 90 lieuës.

TABLE
DES MATIERES

CONTENUES DANS CE JOURNAL.

Imprimé en France
FROC032016121120
25698FR00015B/390

9 782329 490625